从"0-1"
挖掘创新创业能力

主　编　冯江华　刘林涛
副主编　陈树耀　孙孝花　吴　梅

西北工业大学出版社
西　安

图书在版编目（CIP）数据

从"0-1"挖掘创新创业能力/冯江华，刘林涛主编．—西安：西北工业大学出版社，2022.10（2024.8重印）
ISBN 978-7-5612-8299-1

Ⅰ.①从… Ⅱ.①冯… ②刘… Ⅲ.①创业-研究 Ⅳ.①F241.4

中国版本图书馆CIP数据核字（2022）第187261号

CONG "LING-YI" WAJUE CHUANGXIN CHUANGYE NENGLI
从"0-1"挖掘创新创业能力
主编 冯江华 刘林涛

责任编辑：肖 莎	策划编辑：肖 莎
责任校对：杨 睿	装帧设计：李 飞

出版发行：西北工业大学出版社
通信地址：西安市友谊西路127号　　邮编：710072
电　　话：（029）88491757，88493844
网　　址：www.nwpup.com
印 刷 者：西安五星印刷有限公司
开　　本：787 mm×1 092 mm　　1/16
印　　张：11.5
字　　数：231千字
版　　次：2022年10月第1版　　2024年8月第3次印刷
书　　号：ISBN 978-7-5612-8299-1
定　　价：48.00元

如有印装问题请与出版社联系调换

PREFACE

前　言

创新是人类社会持续发展的原动力。进入20世纪，人们开始更多地关注创新和创业对社会和经济发展的作用机制。著名经济管理学者约瑟夫·熊彼特1912年首次提出"创新理论"，即创新者将资源以不同的方式进行组合，可以创造出新的价值，例如开发新产品、引进新的技术、开辟新的市场、实现新的组织形式和管理模式。20世纪90年代以来，随着我国社会主义市场经济体制的建立，创新创业教育与创新创业实践开始兴起并持续发展。2014年随着我国"大众创新、万众创业"战略实施，创新创业尤其在大学阶段的创新创业教育蓬勃发展，遍地开花。

我国明代著名思想家、哲学家王阳明提出"知为行之始、行为知之成"；美国现代管理大师彼得·德鲁克指出，管理是一种实践，其本质不仅在于"知"，而更在于"行"，这些理论和思想都给创新创业提出了较高的指导和实践意义。

本书将创新和创业融为一体，以完成创新创业计划书和创新创业项目实践为引领进行编撰，主要内容分为8个项目和16个子任务，首先介绍创新创业的内涵和精神；在此基础上系统阐述了创新创业的项目来源、商业模式搭建、商业团队组建以及商业计划书的撰写要求；进一步介绍了在创新创业过程中的创新方法和原理、创新创业过程中的知识产权保护和应用等；在创新创业中要观察和了解市场，要做好创业营销管理，尤其是客户关系管理，在以上基础上要做好对内的企业资源计划等一系列管理。

本书编写分工：冯江华负责全书的内容规划和框架设计，并参与了编撰，项目一创新创业内涵与创业精神由孙孝花编撰，项目二创业机会挖掘与商业模式搭建由刘林涛、冯江华编撰，项目三创业团队组建及商业计划书撰写由沈青青、陈树耀编撰，项目四创新思维、创新能力和创新方法由杜旭霞、孙孝花编撰，项目五知识产权保护和知识产权创新成果应用由冯江华、刘林涛编撰，项目六创业营销管理由吴梅、孙孝花编撰，项目七创新创业企业注册成立及管理由陈树耀、刘海然编撰，项目八创业融资管理和创业财务管理由刘林涛、孙孝花编撰。

在编撰本书的过程中，笔者得到了上海电子信息职业技术学院、汕头技术学院、全国创业基金会、上海森汰创业孵化中心等单位的支持和帮助，在此，向相关学校和工作人员表示感谢。

写作本书参阅了相关文献、资料，在此，谨向其作者深表谢意。

由于笔者水平有限，书中难免存在不妥之处，敬请广大读者批评指正。

编　者

2022年1月

CONTENTS

目　录

项目一　创新创业内涵与创业精神 001

  任务一　创新创业内涵 001

  任务二　创业精神 011

项目二　创业机会挖掘与商业模式搭建 017

  任务一　创业机会挖掘 017

  任务二　商业模式搭建 025

项目三　创业团队组建及商业计划书撰写 036

  任务一　创业团队组建 036

  任务二　商业计划书撰写 050

项目四　创新思维、创新能力和创新方法 062

项目五　知识产权保护和知识产权创新成果应用 082

  任务一　知识产权概述及知识产权组织 082

  任务二　专利、商标、著作权、集成电路和计算机软件 084

  任务三　知识产权创新成果转化应用与知识产权资本化 104

项目六 创业营销管理 110

    任务一   创业营销管理及策略 110

    任务二   营销管理策略 118

    任务三   创业企业市场营销战略管理 124

项目七 创新创业企业注册成立及管理 139

    任务一   企业类型以及工商登记注册流程 139

    任务二   创新创业企业成立初期风险管控 146

项目八 创业融资管理和创业财务管理 155

    任务一   创业融资管理 155

    任务二   创业财务管理 163

参考文献 177

项目一　创新创业内涵与创业精神

 学习目标

1. 什么是创新创业？创新创业的要素包括哪些？
2. 创新创业需要哪些精神支撑？如何培养创新创业精神力量？

任务一　创新创业内涵

2014年9月，在天津召开的第八届以"推动创新，创造价值"为主题的夏季达沃斯论坛上，李克强同志发表讲话称，"加快体制机制创新步伐""进一步解放思想，进一步解放和发展社会生产力，进一步解放和增强社会活力，打破一切体制机制的障碍，让每个有创业愿望的人都拥有自主创业的空间，让创新创造的血液在全社会自由流动，让自主发展的精神在全体人民中蔚然成风""在960万平方公里土地上掀起一个'大众创业''草根创业'的新浪潮""形成'万众创新''人人创新'的新形态"。随后，李克强总理在2015年的《政府工作报告》中提出，推动大众创业，万众创新。2018年9月18日，国务院下发《关于推动创新创业高质量发展　打造"双创"升级版的意见》，提出着力促进创新创业环境升级、加快推动创新创业发展动力升级、持续推进创业带动就业能力升级、深入推动科技创新支撑能力升级、大力促进创新创业平台服务升级、进一步完善创新创业金融服务等升级意见。

一、创新创业概述

（一）创新

1. 创新的内涵

关于创新的内涵，"仁者见仁，智者见智。"目前学界对此界定不统一，各种对创新的观点是从不同的侧面反映出对此问题的见解。总体来讲，创新意味着变化，即量变或质变。量变的创新要求改造一种存在的事物或状态，更好地服务于消费者的需求；质变的创新要求创造原本不存在的事物或状态。以下选取关于创新的几种代表性观点，从不同层面了解创新的内涵。

创新的哲学观——创新是物质形态的再表现。创新从哲学上说是一种人的创造性实践行为，这种实践为了增加利益总量，需要对事物和发现的物质进行利用和再创造，特别是对物质世界矛盾的利用和再创造。人类通过对物质世界的利用和再创造，制造新的矛盾关系，形成新的物质形态。

创新的系统论——创新是"新的组合"。著名学者约瑟夫·熊彼特在1911年出版了《经济发展理论》，书中给出了对创新的确切定义，并论证了创新在经济发展中的重要作用。他认为，创新就是新的组合，包括产品创新、技术创新、市场创新、环境创新和组织创新，其包括以下五种情况：①采用一种新的产品，或一种产品的新的特性；②采用一种新的生产方法；③开辟一个新的市场；④控制一种原材料的新型供应来源；⑤实现一种工业的新的组织。

创新的社会学——创新是思维模式的突破。创新是指以现有的思维模式提出有别于常规或常人思路的见解为导向，利用现有的知识和物质，在特定的环境中，本着理想化需要或为满足社会需求，而改进或创造新的事物、方法、元素、路径、环境，并能获得一定有益效果的行为。

创新的本质是突破，即突破旧的思维定式。创新活动的核心是"新"，它或者是产品的结构、功能和外部特征的变革，或者是造型设计、内容的表现形式和手段的创造，或者是内容的丰富和完善。从创业学角度理解创新内涵，创新就是根据创业者目标需求，用突破常规的思维模式，在产品、技术、市场等方面进行精准定位，找到适合创业者自身需求的创新需求，从而与市场进行完美匹配，依托产品或者服务以期实现更高的经济价值。

 **创新故事**　　　美国促销奇才哈利的以暗济明的创新思维

美国促销奇才哈利15岁在马戏团当童工的时候,就非常懂得做生意的要诀,善于吸引观众光顾。他在马戏团售票口处,使出浑身的力气大叫:"来!来!来看马戏的人,我们赠送一包顶好吃的花生米"。观众就像被磁铁吸引了一样,涌向马戏场。这些观众边吃边看,一会儿就觉得口干,这时哈利又适时叫卖柠檬水和各种饮料。其实,赠送的花生米是为了让观众吃后感到口渴,这样他的饮料生意就会越来越兴隆。以饮料的收入去补济免费赠送花生米的损失,使得他的收益甚丰。

资料来源:东方财富证券 https://guba.eastmoney.com/news,600859,657691383.html

2.创新的分类

(1)管理创新。管理创新是指在特定的时空条件下,通过计划、组织、指挥、协调、控制等手段,对组织所拥有的资源进行优化配置,把新的管理方法、管理手段、管理模式等管理要素,或以上要素组合引入企业管理系统,以便更有效地实现组织目标的活动。管理创新的最终目的是要通过管理要素创新,提升员工对企业的贡献价值,增强企业的凝聚力,让企业成为适合员工发展的平台,通过管理创新实现顾客、员工和企业三方的价值需求,并且尽量实现需求最大化。管理创新的意义在于提供更优质的服务。

 案例分享　　　HCL的管理创新之路

HCL是一家年营业额达23亿美元的印度IT服务公司。2005年,维尼特·纳亚尔在公司任职20年后,正式出任公司总裁,而他执掌后面对的极大困境是IT服务市场的规模不断扩大,客户的需求正变得越发复杂,但是供应商之间却没有明显差异。而且当时HCL还是二线印度品牌,IBM、EDS及Accenture等巨头占据了市场的主要份额。针对当时工厂巨头们争相打出的"以客户为中心"的口号,纳亚尔给出了不同的意见。他认为,能创造出解决方案的人只有员工,员工的质量越高,也就是他们的能力、能动性、参与度越高,他们创造的价值也就越多。于是,纳亚尔开始了一项改变HCL管理风格的改革,通过增加员工的

信心和技能来提升其服务质量。这些创新包括：①反向责任制。HCL在全公司范围内启动了对所有管理人员的全方位评估，并将结果公布到网上供所有人查看。期间大约对1 500名管理人员进行了这种评估，纳亚尔认定这一活动取得了巨大成功。这些调查虽然不和薪酬或升迁挂钩，但测试的公正性则让管理人员对此足够重视。②平行金字塔体系。纳亚尔想要摧毁这种"一个人说了算"的概念。因此，HCL启动了"摧毁CEO办公室"行动。他们创建了一个平行金字塔体系——包含32个兴趣社区的组织，人们可以在这些兴趣社区中协作，并创造自身所处的金字塔体系之外的机会，从而让"一个人说了算"不再可能。3年后，HCL20%的营业收入来自这些兴趣社区的新想法。③整洁行动。说把员工摆在第一位很容易，但如何证明呢？HCL的答案是在管理部门和员工之间签订服务水平协议。对于每一份员工抱怨——从坏了的椅子到有争议的奖金——员工都可以在网站上开具服务条，并将服务条送到质询部门。至关重要的是，只有员工才能开具这张服务条，而由于服务部门是以反应速度和时间来考核的，因此有快速解决问题的强烈动机。通过这些以及其他创新，HCL的管理创新释放出了强烈信号：一线员工创造了价值，组织需要通过管理手段让员工意识到自身的重要性，员工创造的价值自然地回馈到产品和服务上，进而辐射给消费者。

资料来源：51贴图 2021-11-23 企业管理创新的例子

（2）商业模式创新。商业模式是一种赚钱的逻辑，是一个价值发现、价值匹配、价值获取的过程，是一个企业满足消费者需求的系统。这个系统组织管理企业的各种资源，例如，资金、原材料、人力资源、作业方式、销售方式、信息、品牌和知识产权、创新力等，形成能够提供消费者无法自力而必须购买的产品和服务。创业企业在构建商业模式时需要关注的三个关键要素是价值最大化、利益相关者和提供服务。例如，麦当劳做到24h营业后，租金成本不变，它的生产资料价值得到了最大化。利益相关者指各个利益群体。一套好的商业模式是多赢的。提供服务就是为各个利益相关者提供服务，从而使得他们为你带来业务。成功的商业模式具备以下特征：①能提供独特价值。独特的价值有可能是新思想，更多的往往是产品和服务的独特性组合。例如，这种组合可以向客户提供额外的价值，使客户能用更低的价格获得同样的利润，或者是同样的价格能获得更多的利润等。②很难模仿。企业通过确立自己的与众不同来提高行业的进入门槛，以此保证利润来源不受侵犯。③可操作性强。成功的商业模式一定要使企业能长期经营下去，在运作过程中一定要考虑如何投资，如何经营和如何赚钱的问题，因此，它的投入过程要有一个科学的规划。

 案例分享 四川航空公司的商业模式：150辆大巴车免费乘，盈利上亿

在四川成都机场，当乘客下了飞机后，会看到机场外停了很多"免费接送"的车。乘客自己搭出租车到市中心去要花150元，如果坐这种车就可免费乘坐。四川航空公司一方面专门向汽车公司一次性订购了150辆旅游车，为乘客提供免费接送服务，另一方面实行机票半价优惠政策。这一举措为四川航空公司带来了上亿元的利润。我们来看一下它的商业模式：原价14.8万元一辆的旅游车，四川航空公司以9万元的价格一次性购买150辆，他们提供给汽车公司的条件是，我们的司机帮你在车上做广告，销售汽车。每一辆车可以载7名乘客，以每天3趟（6次）计算，150辆车带来的广告受众人数是7×6×365×150=2 299 500人。司机哪里找？从事出租车司机这一行，要先缴一笔和车子差不多费用的保证金，而且司机只有车子的使用权，不具有所有权。因此，四川航空公司以一辆17.8万元的价格把车子卖给这些出租车司机，这17.8万元包含了一条客源稳定的路线，并且告诉他们每载一个乘客，四川航空公司会付给他们25元。四川航空公司进账了1 320万元：（17.8-9）×150=1 320万元。对乘客而言，节省了150元的车费，划算；对汽车公司而言，虽然以低价出售车子，却多出了150人的营销团队，帮它卖车，划算；对司机而言，他们成为四川航空公司的专线司机，有一条客源稳定的线路，就有稳定的收入来源，划算。最大的获利者是四川航空公司。采用这个商业模式后，四川航空公司平均每天多卖了10 000张机票。这就是商业模式的魅力，只有不断整合资源才能构建良好的商业模式，当你资源越多的时候，你才能左右逢源，得心应手。

资料来源：讲师宝 梁宏 2018-05-01 论创业的三大核心要素

（3）产品创新。产品创新是根据客户的潜在需求，寻求新产品，或发现老产品的问题，研究客户意见，进行产品更新。因此，产品创新表现在两个方面：创造和改进。创造一种之前不存在的全新产品，改进已有的产品，使其在外观包装、原材料配比、功能、技术参数、价值导向等各方面有全新的面貌。企业发展的过程就是不断地进行产品更新或创造的过程，只有创新才能稳定已有的客户群体并不断发展新的客户群体。世界知识产权组织（World Intellectual Property Organization，WIPO）表示，2018年中国的华

为以5 405件专利申请量位居第一名,并且其专利申请量创下了该组织有史以来以企业名义申请的专利数量记录,这再次让国人惊呼华为的产品创新实力。产品创新能力支撑起华为高额的销量。2020年全球智能手机销量排行榜显示,华为智能手机销量全球第三。

(二)创业

1. 创业的内涵

杰夫里·提蒙斯所著的创业教育领域的经典教科书《创业创造》对创业的定义为:创业是一种思考、推理结合运气的行为方式,需要在方法上全盘考虑并拥有和谐的领导能力。也有学者认为,创业就是创业者按照国家的有关法规和政策规定,并结合自身的条件,通过发现商业机会成立组织,利用各种资源提供产品和服务,创造价值的过程。另外,还有学者认为,创业是创业者对自己拥有的资源或通过努力对能够拥有的资源进行优化整合,从而创造出更大经济或社会价值的过程。创业是一种劳动方式,是一种需要创业者运营、组织,运用服务、技术、器物作业的思考、推理和判断的行为。综上所述,创业是一种行为方式,这种行为方式需要借助一定的资源,进行价值创造。作为一个商业领域,创业需要创业者关注产品、市场、生产过程或原材料、组织现有技术等方面可能存在的机会,创业者以自己的视角发现商机并把商机用产品或服务的方式呈现给消费者,满足消费者的需求,实现价值创造。

2. 创业的要素

2017年10月12日,在上海举行的网易中国创业家大赛总决赛上,网易旗下云计算和大数据品牌网易云联合IT桔子发布的《2017年互联网创业群体调查报告》显示:人才、创新性的产品或商业模式、资金与投资、技术、政策环境、市场容量与趋势、创始人、行业经验和积累,以及人脉关系等因素都会对创业成功产生一定的影响,但是位居第一位的关键因素是人才,占比高达83.97%,第二位的是创新性的产品或商业模式,占比达80.13%,第三位的是资金与投资,占比66.67%,而与资金与投资占比几乎持平的关键因素是市场容量与趋势,如图1-1所示。人才的贡献价值对创业成功影响最大,投放到市场中的产品及企业的商业模式对企业创业的影响也很大,资金、投资,以及市场容量和趋势也是不容小觑的影响因素。简而言之,人、产品、资金,以及市场容量是创业成功的关键因素。创业需要一个好项目、一支优秀的团队和一笔足够的资金。

明确了创业的影响因素是为创业做准备,在创业过程中分清脉络和主线,逐步搭建企业。虽然创业成功的首要因素是人才因素,但是一般创业思路往往是创始人(创业刚开始的时候，一般是创始人自身）先看到一个他认为可行的商机，然后自己或和少数合伙人先试运行，然后根据发展需要募集资金。

创业成功的关键因素，人才、创新性的产品或商业模式占前两位。而创业团队则最需要"市场、运营等方面的培训"。

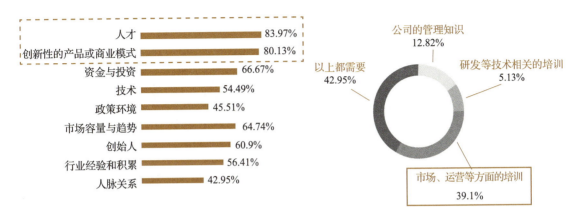

图1-1　创业成功的关键因素

（1）寻找创业项目。创业的首要问题就是寻找创业项目，一个好的创业项目必须具备两个条件：一是必须有市场机会，即市场上存在未被满足的需求；二是必须具有利用这个机会的技能和资源。同一个项目，不同的人去运作，或是在不同的时期或不同的地域运作，产生的效果可能都不相同。因此，创业者选择项目的关键在于是否适合自己。此外，创业项目中涉及的产品在开始阶段需要解决一个市场痛点问题。例如，微信刚出来的时候，只有聊天功能（熟人通信），之后可用"摇一摇"来寻找陌生人加好友，后来才有朋友圈、支付和游戏等功能。先抓住一部分人，解决一部分需求，甚至只解决一个点上的需求。创业要遵循正确的轨迹，先向市场推出最小成本可行性产品或服务，通过运营数据验证想法，找到用户的功能诉求之后才是一个简陋的1.0版本。这个阶段的关注点是确保公司通过解决客户的痛点来助力一家新公司的诞生，并能使这家公司自己能养活自己、实现盈利、证明这种商业模式是可以成功的。

（2）组建创业团队。团队的价值在于一加一大于二。创始人应该知道自己缺乏什么，团队缺乏什么，尽量做到团队成员之间能够互补。作为领头羊的创始人需要具备敏锐的洞察力和较强的信息分析能力，能够掌控大局。寻找合伙人就是要找到能够目标一致、价值观一致，能够共同奋斗的同伴。互联网时代的创业特征之一是雇佣时代已经过去，合伙时代已经来临。现在很多公司都遇到这种情况，公司很难招聘到一个优秀的人才，好不容易把招聘来的优秀人才培养成功了，他又跳槽了，然后公司再招聘一批人，又遇到同样的情况。公司每天都在不停地招聘人、培训人，每个岗位也在不停地换人，这是大多数创业型公司都遇到的问题，也是最头痛的问题。因此，必须改变组建团队的方式，必须让核心团队的成员成为合伙人或股东，因为人都不想被别人管理，都想自己为自己做事。

 **案例分享**　　　　　　　　　　**海底捞的门店合作制**

　　海底捞实行的是孵化式门店合伙制，将门店分为A，B，C类。A类门店店长有两个股权激励选项：①获得所在门店利润的2.8%；②获得所在门店利润的0.4%，同时获得开辟家族门店群的资格，即可以培养徒弟。徒弟考核合格后成为店长，其门店利润的3.1%归师傅。一旦徒弟的门店也成为A类，则徒弟也有两个选择，如果继续选择开辟家族门店群，那师傅可获得徒孙门店利润的1.5%。假设一个A类门店店长培养了20个徒弟，20个徒弟又培养了400个徒孙，那师傅可获得每个徒弟门店3.1%的利润，20个徒弟合计相当于一家门店62%的利润。同时还可获得每个徒孙门店1.5%的利润，400个徒孙合计相当于一家门店600%的利润。综上所述，师傅可以得到相当于一家门店662%的利润，即相当于6.62家门店的总利润！对老板来说，是不是这样的激励成本很高呢？我们看一家这样的门店，店长自己提取门店利润的0.4%，店长的师傅提取门店利润的3.1%，店长的师傅的师傅提取门店利润的1.5%，合计提取仅为5%。也就是老板只拿出每家店利润的5%，就让每个员工看到了一家店662%的利润！有本事，每个店长都拿走6.62家店的利润，老板只会赚得更多！在这种股权激励的利益牵引下，每个员工都会向着老板希望的方向努力：每个员工都会想方设法成为店长；每个店长都会想方设法将自己的店打造成A类门店；每个店长都会想方设法培养20个徒弟，并帮助徒弟把店也经营成A类门店，同时自己的店还保持为A类门店；每个店长都会想方设法引导徒弟再去培养徒弟开店。当然，海底捞还设计了科学的股权约束机制及退出机制，以确保员工与企业的利益是一致的，保持企业和人才梯队良性发展。方法是可以复制的，关键是企业领导者舍得分出利益、敢于投入成本、重视人才培养、懂得股权激励、顺应人性特点的格局和魄力，这才是海底捞的底层逻辑。

　　　　　　　　　　资料来源：亿欧企业官网　郑晓明　赵子倩　https://www.iyiou.com/analysis/2019012591068

（3）募集资金。有调查表明，90%以上的创业公司，散伙的原因只有一个，就是没钱了。因此，找到一个能养活企业的初始产品，与一个志同道合、能坚持的团队合作，就格外重要。哪怕市场开始很小，但要证明确实存在需求，能慢慢养活自己、证明商业模式成功且未来具有爆发力，后面才能融到钱。如果管理者有卓越的眼光、持之以恒的精神、凝聚团队的超强力量以及营销的天赋，那就更有机会融到更多的钱了。

3. 创业的分类

随着经济的发展，投身创业的人越来越多。根据《科学投资》杂志社的调查表明，国内创业者基本可以分成以下类型：

（1）生存型创业者。生存型创业者大多为下岗工人或因为种种原因不愿困守乡村的农民，以及刚刚毕业找不到工作的大学生。这是中国数量最大的创业人群，他们创业的初始动力是为自己获得生存的资本。据清华大学的调查报告显示，这一类型的创业者占中国创业者总数的90%。

（2）主动型创业者。主动型创业者又可以分为两种类型：一种是盲动型创业者，另一种是冷静型创业者。盲动型创业者大多极为自信，做事冲动，这样的创业者很容易失败，可若是成功，往往就是一番大事业。冷静型创业者是创业者中的精华，其特点是谋定而后动，不打无准备之仗，或是掌握资源，或是拥有技术，一旦行动，成功的概率通常很高。

（3）赚钱型创业者。赚钱型创业者除了赚钱，没有什么明确的目标。他们就是喜欢创业，喜欢做老板的感觉。他们不计较自己能做什么，会做什么。他们做的事情之间可以完全不相干。这一类创业者一般都拥有极为乐观的创业心态。

（4）创意创新创业型创业者。此类创业模式对创业者的个人素质要求很高，创业成功往往会形成"独角兽"企业，有时还会形成新的业态。创业者先要处理好创意、创新、创业三者的关系：常规思维及创新思维产生创意，创意是创新的基础，创意是创业的动力源之一，创新与创业的结合形成新的生产方式，良好的创新创业氛围可更易激发人们的创意，创意创新创业组合的链条是推动各业发展、社会繁荣的重要源泉。

（三）创新创业

创新创业是指基于技术创新、产品创新、服务创新、商业模式创新、管理创新、组织创新以及市场创新等方面的某一点或几点创新而进行的创业活动。创新是创新创业的特质，创业是创新创业的目标。创新创业是基于创新基础上的创业活动，既不同于单纯的创新，也不同于单纯的创业。创新强调的是开拓性与原创性，而创业强调的是通过实际行动获取利益的行为。因此，在创新创业这一概念中，创新是创业的基础和前提，创业是创新的体现和延伸。创新创业过程分为创新创业的初创期、成长期和成熟期三个阶段。在创新创业过程中主要涉及四类人群：①以企业员工、大学生、军转、返乡和下岗职工等为主体的创业者；②以政府有关部门的公务员、法务、税务、财务为主体的创业服务者；③以天使投资、风险投资、股权投资、政府投资和银行为主体的创业投资者；④以高校教师、社会培训机构为主体的创业教育者。

延伸与拓展1　　　　　　　　**创新创业的必要性——经济转型**

我国14亿多人口，9亿多劳动力，在经济发展进入新常态的背景下，就业总量压力变大，结构性矛盾凸显。同时，资源环境约束日益强化，生产要素的规模驱动力逐步减弱，传统的高投入、高耗能、粗放式发展方式已难以为继，需要从要素驱动、投资驱动转向创新驱动，需要更多市场的力量。推进"大众创业、万众创新"是中国经济发展到当前阶段的一个必然选择，中国经济要转型升级，向中高端迈进，由中国制造向中国创造跨越，创新创业是必然路径。自2015年以来，有利于创新创业的政策不断出台。2015年1月，国务院常务会议研究确定支持发展众创空间推进大众创新创业政策措施；3月，《关于发展众创空间推进大众创新创业的指导意见》出台；6月，国务院《关于大力推进大众创业万众创新若干政策措施的意见》发布，不断完善升级的政策措施，释放清晰而明确的信号，即创新创业在中国经济中的地位正被提到前所未有的高度，也正在获得空前的大力支持。2020年是"十三五"收官之年，我国国内生产总值突破100万亿元，人均国内生产总值突破1万美元，第三产业增加值占比超过50%。这离不开经济发展新旧动能的转换。在从要素驱动、投资驱动向创新驱动转变的过程中，大众创业和创新发挥了重要作用，不仅涌现出一大批市场主体，还涌现出各种新技术、新产品、新业态、新模式。加速经济发展的新引擎、新动能取代了传统动能，成为经济增长的新动力。数据显示，2020年年末，全国市场主体1.38亿户，其中企业4 331万户，个体工商户9 287万户；当年新登记市场主体2 502万户，其中企业803.5万户，个体工商户1 681.5万户。

延伸与拓展2　　　　创新创业的必然性——时代更迭

工业4.0是以智能制造为主导的第四次工业革命,工厂将生产设备、无线信号连接和传感器集成到一个生态系统平台中,这个生态系统可以监督整个生产线流程并自主执行决策。该系统利用了信息物理系统、物联网、工业物联网、云计算、认知计算和人工智能。简单来说,工业4.0的目标是自然资源从开采、收集,直到生产成为商品进入流通领域,这一过程中的"劳动"尽可能通过智能系统自动化进行。在以往几次工业革命中,人所起到的作用,在工业4.0中将被大幅淡化,"智能制造"将成为主流。

工业1.0	工业2.0	工业3.0	工业4.0
随着水力与蒸汽机的发明,进入机械化生产时代	随着电力和生产线的出现,规模化生产应运而生	电动化生产,电子计算机,信息技术和机器人	智能化生产,自治系统,物联网和机器学习

资料来源:戴德梁　https://www.zhihu.com/question/28672111/answer/1168480323

任务二　创业精神

(一)创业精神内涵

创业精神是支撑创业的源动力,创业成功的企业家都具有值得大家学习的创业精神,这是他们创业行为能够持续进行下去的基石。人们对创业精神的理解随着时代的进步而不断深化。20世纪的经济学家约瑟夫·熊彼特专门研究了创业者创新和追求进步的积极性所导致的动荡和变化。他指出,创业者采用的"新组合"使旧产业遭到淘汰。原有的经营方式被新的、更好的方式所摧毁。他所处的时代,随着人们对企业管理的深入探讨,不断更新的管理理念和管理方式影响和改变着管理行为,在这样的社会背景影响下,熊彼特把创业精神看作是"创造性的破坏"的心理行为,是一种消极被动的行为。管理学专家彼得·德鲁克称创业者是主动寻求变化、对变化做出反应并将变化视为机会的人。德鲁克认为,创业精神是一种主动创造的行为表现,而不是被动的打破重组。

时至今日,人们从不同层面理解创业精神。创业精神是创业者在创业过程中所表现的精神面貌,是创业者对于创业的思维认识,是创业过程中展现出来的创业者的个性和意志品质,以及个性和意志品质外显出来的行为特征。

(二)创业精神构成

创业者在创业过程中面对和经历的困难不同,他们对创业精神的理解也有所不同。通过归纳分析,下述几个方面的创业精神具有一定的共性,值得创业者学习。

(1)创新精神。创新精神是创业者进行创业活动的潜在动力。作为一名成功的创业者,必须充分发挥其创造力和创新精神,勇于抛弃旧思想和旧观念,综合运用现有的知识、经验、信息和技能,创造出有特色的新思想和新事物。

(2)探索精神。说到探索精神,人们自然会想起小米科技创始人雷军在新闻发布会上说的话:"在整个探索的过程中,不是鲜花,不是掌声,全部是汗水,全部是辛苦。"但正是这种在创业道路上的艰辛探索,才能积累宝贵的经验,总结有效的方法,为以后成功创业打下坚实的基础。所以,创业者在创业初期要有探索的勇气,建立自己的新视野。

(3)实践精神。没有真正的实践,一切都是空谈,没有说服力,因此,实践精神是创业道路上成功的至关重要的一步。创业者不要只局限于思维层面,要勇于把自己的想法付诸实践,才能在创业的道路上看到光明的未来。

(4)团队精神。"人心齐,泰山移",团队成员在能力上可以实现互补,在资源上可以实现共享,在目标上可以实现分担,可见,在创业过程中,依靠单打独斗是没有办法把企业做大、做强的。系统论思想指出,社会是一个相互影响的协作系统,彼此之间相互影响、相互作用。创业需要团队成员之间相互协作,使团队具有凝聚力,每个部门的每个人都是这个团队的一员。因此,成功的创业者应该带领大家,让每一个细节都变得完美,一起创造辉煌。

创业精神既包括上述意识领域的认知,也包括创业者个性品质的展现。通过褚时健老先生的创业案例,大家可以认识创业精神的外在行为表现。

 **案例分享**　　　　　　　　褚时健的创业精神

一代创业传奇人物褚时健于2019年3月5日中午在云南玉溪人民医院与世长辞,享年91岁,阿里、万科、万达、联想、SOHO、新东方等知名企业的负责人均对褚老的离世做出了悲痛的悼念。2002年,褚时健承包下2 400亩荒山种起了橙子,开始了他的晚年创业,那时褚老已是74岁高龄,并患有严重的糖尿病。然而,尽管命运多舛且高龄多病,但他依旧还是成功了,十年磨一剑的褚橙可说是名扬四海。我们能从他身上浅学到哪些创业精神呢?

首先是勇于创新的精神,敢于担当的勇气。其次是沉得住气,不急功近利,能够做到精益求精。74岁高龄,还能选择一种种植业的创业项目,大家都知道水果种植的回报期是很长的,但是褚老做到了,这种沉得住气,创业不急功近利,精益求精的精神,正是褚老还能成功的原因。第三是爱钻研,爱思考,赢在细节。看过褚时健相关书籍的人,都会知道褚老喜欢看新闻、喜欢思考问题、喜欢钻研细节。细节的优化来自于哪里?来自于思考,来自于钻研,每处的细节优化形成优势,这便是褚老成功的秘诀。

资料来源:搜狐　https://www.sohu.com/a/308349140_120100119

 **拓展小卡片**

创业者要反向思维,不走寻常路——卫龙食品创始人刘卫平。刘卫平,1978年出生,湖南平江人。辣条起源于湖南平江,离原材料产地过远,且竞争激烈,因此,20岁的刘卫平选择远赴700 km的漯河创立公司,这里面粉供应充足,而且劳动力资源丰富,刘卫平利用这两个优势,把小工厂变成了大企业,市值达到500亿元。

不研究竞争者,只研究消费者——蓝月亮创始人罗秋平。罗秋平,1963年出生,湖北荆门人,毕业于武汉大学化学系,1992年创立广州蓝月亮实业有限公司。经过28年奔跑,蓝月亮突破合资日化品牌的围剿,穿越跨境电商时代,2020年12月16日在港交所成功上市。罗秋平说蓝月亮与其他品牌最大的不同在于对消费者的研究,蓝月亮永远不关心竞品,只关心如何更好地满足消费者的需求,根据他们的需求不断创新研发产品。

管理很简单,真心实意对员工和客户好——老干妈创始人陶华碧。陶华碧,1974年出生,贵州湄潭人,1996年她开起了辣椒酱加工厂,取名为"老干

妈"。陶华碧把辣椒酱做成了大品牌，基本有中国人的地方就有"老干妈"。陶华碧说管理很简单，一个企业如果对员工、对客户都能做到真心实意、真诚地好，别人自然会对你好。

创业需要商业嗅觉，更需要坚持——喜茶创始人聂云宸。聂云宸，1991年出生，江西丰城人，19岁走上了创业的道路。截至2022年1月，喜茶门店数量879家。他能有今天的成就，离不开他敏锐的商业嗅觉，也离不开他的坚持。他能够抓住年轻人的品味和当下的消费趋势。

资料来源：今日头条　创始人观察　2021.11.23　蓝月亮创始人罗秋平：
为了创业，放弃读博，把产品做到极致

案例分析　蜜雪冰城：从地摊起家的一颗冉冉升起的创业明星

"蜜雪冰城"这个发迹于河南郑州的品牌，近年来颇受大众喜爱。2021年蜜雪冰城在全国31个省市的加盟店破10 000家，是首家突破万店的中国本土茶饮品牌。最近流行的一句洗脑的歌词"你爱我，我爱你，蜜雪冰城甜蜜蜜"，让它又走了一波爆红之路。2021年7月20日，郑州暴雨灾难，蜜雪冰城更是捐款高达2 200万元，在大灾大难面前彰显企业魅力。下面带着大家了解蜜雪冰城创始人张红超的励志创业故事。

（1）创业初始。1996年，创始人张红超来到郑州想要从事销售工作。由于感觉自身学历太低，为了应聘，他便参加了河南财经学院的自学考试。即将毕业时，张红超需要找一件长期稳定的事情做下去，便想起在河南商丘体育场的一条街上有各种刨冰，而他发现自己在郑州上学的两三年，从未见过此类饮品，张红超意识到这可能是一个发展机会。随后他前往商丘，经过一段时间的潜心研究，研发出的刨冰得到了自家奶奶的赞赏，这奠定了他把刨冰带去郑州的信心。1997年暑假，在郑州金水路燕庄，一个叫"寒流刨冰"的冷饮地摊正式出摊了，而这就是后来的蜜雪冰城的雏形。蜜雪冰城早期主营各种刨冰，由于当时来买刨冰的都是年轻情侣，张红超认为，无论是雪花冰，还是情侣，都和甜蜜有关。于是，在2000年门店搬到文化路煤炭医院门口，正式更名蜜雪冰城。

（2）一路坎坷前行。2005年，一款叫作彩虹帽的冰淇淋火爆郑州，虽然一支冰淇淋卖到十几元，但是购买的人却很多。张红超购买品尝后，当即决定要把这么好吃的冰淇淋做出来。一直对研究小东西情有独钟的张红超，自己买书研究制作冰淇淋,有时候甚至看看冰糕的包装袋上的配料成分,基本上就能明白是怎么制作的。新冰淇淋机太贵,他就去旧货市场找。他把二手冰淇淋机拉回自己的店里,开始自己动手制作冰淇淋。张红超用鸡蛋、细玉米粉、白糖、牛奶等原料,经过多半个月的研究尝试,做出了蜜雪冰城第一支新鲜冰淇淋,并且核算成本,即使是一元一支,也有利润。2006年春,蜜雪冰城新鲜冰淇淋开卖,一元一支,轰动市场,每天来购买的人都排起了长队。张红超看到生意这么火爆,便主动邀请自己的亲戚朋友加入,给他们提供机器和原料,教他们技术,毫无保留。就这样,蜜雪冰城门店开一家,火一家。

(3)一体化的发展路径。随着开店的数量越来越多,靠自己配料已经无法满足销售了。2012年,张红超成立河南大咖食品有限公司研发中心,让蜜雪冰城拥有了自己独立的研发中心和中央工厂。2014年投入使用原料配送物流中心,为各加盟店免费运送物料。2016年,张红超在开封建设的固体饮料原物料厂开始投产。2017年成立上海研发中心,2018年成立蜜雪深圳研究院。为了降低价格的同时,保证产品的质量,短短几年,蜜雪冰城已拥有5万多 m^2 的全自动化生产车间,2万多 m^2 的服务物流配送中心,每天可以售出超300万杯饮品。蜜雪冰城形成了集品牌运营、研发生产、物流运输为一体的完整产业链,实现了从原料采购、研发、加工生产到门店销售的无缝对接,既提高了效率,又节省了大量资金,这是其核心竞争力所在。

(4)平价高质的企业文化。从创业第一天开始,从商丘找到创业灵感的张红超,就没有想过做一个多么贵的产品。张红超想的很简单,就是养家糊口,把在农村的父母接到城里住。做的也很简单,用最低的价钱,做出当时市面上最好的产品。供应链的不完善,3 000元启动资金的捉襟见肘,让他几乎不得不把所有的生产物件全部自制。第一台刨冰机二手市场淘,自己改造;第一台蛋筒机二手市场淘,自己调试;第一代蛋筒配方,自己去村里寻找儿时的口味。这些不仅成就了日后创始人对于供应链近乎偏执的追求,还让平价高质的基因慢慢渗透到企业文化中。因为对于生产材料的全部掌握,所以张红超的定价策略很简单。不是看市场,也不特意针对竞品,而是采取成本倒推的定价策略。第一代脆皮甜筒上市,售卖2元,广受市场欢迎,供不应求。按照商业规律,这个时候市场没有竞争对手,应该提价。可是,张红超在第二年开第二家店的时候,经过成本优化,脆皮甜筒只售卖1元。这种向内逼自己优化成本,逼自己提高效率的动力,都来自于对平价高质的追求。

在这个"老品牌相互厮杀,新品牌层出不穷"的茶饮行业中,以售卖冷饮起家的蜜雪冰城，一举杀出重围，现在已经发展成为一家以新鲜冰淇淋、茶饮为主打产品的集产业投资、连锁运营、品牌管理于一体的全国连锁饮品品牌。

资料来源：鹿鸣新闻　《时代报告》杂志社　https://baijiahao.baidu.com/s?id=1668936394374814061&wfr=spider&for=pc

阅读思考

1. 蜜雪冰城的创始人的创业经历对你有什么启发？
2. 你如何理解蜜雪冰城创始人的创业精神和该企业的企业文化？

项目二　创业机会挖掘与商业模式搭建

学习目标

1. 挖掘商业机会有哪些渠道？如何挖掘商业机会？
2. 什么是商业模式？如何搭建商业模式？

任务一　创业机会挖掘

　　创业者雷军说："关键要有梦想，有了梦想是你迈向成功的第一步，你一定要为自己的梦想去准备各种坚实的基础。"谈到梦想变为实现，雷军说："小米刚刚创业，在中关村，十来个人，七八条'枪'，要去做手机，有谁相信我们能赢呢？我最近还有一句话挺出名的，也是我抄来的，叫'站在风口上，猪都会飞'，听说过吗？就是说你要成功，要找台风口。我其实想表达两层意思：①没有坚实的基本功，没有勤奋是成功不了的；②有了勤奋，有了坚实的基础也不一定能成功。那么，还需要什么呢？还需要台风口。"雷军接着回应"飞猪理论是我提出的，最近也成了被批驳的焦点，说我是机会主义者。可能大家对我讲这句话的背景不了解。首先，任何人在任何的领域要获得成功都需要经过一万个h的苦练。如果没有基本功谈飞猪，那真的是机会主义者。所以，大家千万不要忽略今天在空中飞的那些猪，他们都不只炼了一万个h，可能练了十万个h以上，这就是被大家忽略的前提。其次，飞猪最关键问题是，不能只顾埋头苦干，不去抬头看路。应该花足够的时间研究风向，研究风口，这样你成功的概率要大很多。这里我要跟大家说明的是，我1989年开始创业，到今天干了25年。作为一个经历了好几次大潮的创业者来说，我认为风口是成功的关键。在上一拨互联网风口来的时候，我们有足够的资源，却眼睁睁地看着机会从我们身边擦肩而过。当时我做的金山软件本质上是传统企业，可是互联网与软件行业如此接近，人才几乎一模一样。"从上述对话我们可以看到什么！风口是什么？讲得简单一点，就是机会。创业者创业的前提是看到创业机会，成功创业需要把握机会，尤其是大的发展机会，把握好这个机会，抓住了这个机会，创业才有机会成功。

资料来源：吴晓波　创业管理理论与实践

一、创业机会

创业的根本目的是满足消费者需求。消费者需求在没有获得满足前，就是常说的消费者痛点问题，这恰恰也是创业机会所在。寻找创业机会的一个重要途径就是善于发现和体会自己和他人在生活中遇到的困难或其他不能得到满足的需求。《21世纪创业》的作者第莫斯教授认为，好的商业机会有以下特征：①对顾客有强有力的吸引力；②需要有能够运行的商业环境；③在机遇期内顺利实施；④必须有相应的资源（人、财、物、信息、时间）和技能。

从根本上来讲，创业机会是营造出对新产品、新服务或新业务需求的一组有利环境。多数创业企业开始创业的方式有两种：①受外部激励而创建，创业者决定创办企业，搜索并识别创业机会，例如，小米的雷军，字节跳动的张一鸣，亚马逊网站的创立者杰夫·贝佐斯，等等；②企业受到内部激励而创建。不管创业者是以哪种方式进行创业，识别创业机会都有一定的难度。创业者在识别机会的过程中常犯的一个错误是挑选一个他们充满热情和当前容易获得的产品或服务，而没有考虑消费者的潜在实际需求。

创业机会往往有4个最基本的特征：强有力的吸引力、及时（时间窗口）、持久和创造价值（产品或服务），如图2-1所示。

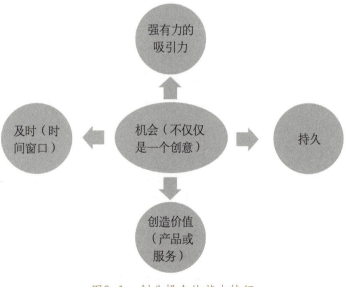

图2-1　创业机会的基本特征

对创业者来讲,要及时抓住机会窗口,一旦新产品市场建立起来,机会窗口就会打开,随着市场的成长,创业者要在市场中建立自己的市场定位,市场成熟后,机会窗口就会关闭。例如,互联网搜索引擎市场,第一个搜索引擎雅虎于1995年进入市场,然后市场迅速增长,雷克斯(Lycos)网站,Excite,奥塔维(Alta Vista)及其他搜索引擎随后都加入进来,而谷歌于1998年利用高级搜索技术进入这个市场。此后,搜索引擎市场走向成熟,机会窗口实质上已经关闭。再例如,团购市场大战,最后美团和饿了吗胜出,其他公司想再进入这个商业领域已经过了机会窗口。

二、识别创业机会的三种途径

对于创业者来讲,通常可以利用以下三种有效的途径发现创业机会:①观察市场环境趋势;②解决消费者痛点问题;③寻找市场缺口。

(一)观察市场环境趋势

市场环境趋势一般受经济因素、社会因素、技术进步和政策法规的制定等因素影响,创业者要意识到这些领域的变化是创业机会的重要来源。例如,随着人均GDP的增长,消费者对产品的品质要求就会提高,文化流行趋势带来国货品牌的机会窗口,新的技术带来无人机机器人及新能源汽车领域的创业机会。一位优秀的创业者最重要的品质就是要有敏锐的观察力,要看到人们日常生活中的需求变化,并开发出创新性的创业和服务来满足这种新的需求趋势,如图2-2所示。

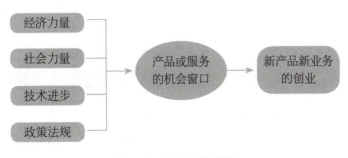

图2-2 市场环境分析

(1)经济力量。经济发展水平会影响消费者的可支配收入水平,当经济发展水平较高时,人们更愿意购买提升生活品质的产品和服务,相反,当经济低迷时,人们不仅收入更低,而且通常不愿花钱去购买不必须的产品和服务。可见,在经济不好的时候创业也可能会为一些公司提供一些商机。例如，当日本经济低迷时，优衣库等快速消费品牌和一些帮助顾客省钱的公司应用而生。总之，经济总量、经济发展水平和人均可支配收入等经济因素是选择商业创意的途径之一。

（2）社会力量。社会趋势的发展也提供了创业的机会窗口，社会趋势的变化改变了人们和企业的生活和行为方式。例如，快餐店的数量持续稳定增加，不是人们喜欢快餐，而是因为人们的生活节奏变快。同样，社交网站的成功不是因为能够被用于上传信息和照片，而是因为可以让人们互相联系和交流。

近年来我国也面临着社交网络参与度的提高，如工作场所的日益多样化，使用移动设备的增加，重视新能源包括风能、水能、太阳能等，从乡村到城市的城市化进程，人口的老龄化和少子化和家庭规模的缩小等新的社会趋势。

（3）技术进步。技术进步常常与经济和社会进步相同步，会带来创业机会。例如，人们对健康领域的关注使得可穿戴设备、网络就诊和远程手术备受关注。技术进步还能帮助人们以更好和更便捷的方式完成日常任务。技术进步的另一个特征是一旦某一项技术被创造出来，相应产品就会出现。例如，智能手机的出现，相关的产业链条都存在着技术革新的需求，包括智能耳机、蓝牙音箱和无线充电等。

我国在重大领域的技术突破也会带来相应的创业机会。例如，5G的布局会影响到无人驾驶、无人机及远程教学等方面的需求。我国北斗卫星布局完成，也会给导航和智能语音等领域提供创业机会。

（4）政策法规。一个国家或一个地区的政策法规和产业政策也会给创业提供机会窗口。例如，深圳（无人机之都）对航空航天产业的政策扶持，上海的"五个中心"建设都是很好的创业窗口。此外，我国提出的到2060年前实现碳中和，对新能源领域指出了发展方向，见表2-1。

表2-1 市场环境趋势变化为新的企业和产品提供机会窗口

市场环境趋势变化	引发的新业务或产品
经济趋势	
寻找替代传统化石燃料的新能源	乙醇、生物柴油、太阳能、风能
人口老龄化趋势	家庭医疗保健、健康APP等
社会趋势	
对不同的、更美味的和更健康的食物的兴趣增加	健康餐厅、风味包装食品、功能性饮料
对健康、健身的重视	健身中心、普拉提和瑜伽工作室、减肥项目和App、健身服饰和装备
技术趋势	
智能手机	智能手机操作系统、智能手机App、智能手机配件
5G技术	人工智能、无人驾驶、可穿戴设备

续表

市场环境趋势变化	引发的新业务或产品
政策法规	
2060年前实现碳中和	新能源车、风电、水电等

（二）解决消费者痛点问题

识别创业机会的第二种重要途径是通过观察分析找到解决消费者痛点问题的方法，包括观察趋势、实地考察和意外发现等。在日常生活中，人们会遇到各式各样需要解决的问题。例如，分类垃圾桶、不含糖的奶制品、不含碘的食盐、户外装备和防水冲锋衣、小容器的家用电器以及方便户外携带的小电器等。

技术的进步可能会给不擅长使用该技术的人带来问题。例如，老年人发现传统手机很难使用：按键太小、信息很难阅读，在嘈杂的环境中很难听清手机里的声音，因此，老年人专用手机应运而生。

有些商业创意是通过识别与新兴趋势联系的问题而发现的。例如，帮助父母保护自己孩子的在线声誉、隐私和安全；智能手机的激增能使人们更好地保持联系，但当人们在某个时间段不能找到电源为手机充电时，就会产生问题，充电宝和共享充电宝应用而生；等等。

（三）寻找市场缺口

市场缺口是创业机会的第三种机会窗口。虽然大的零售商向消费者提供了大量可以满足日常生活的用品，但是消费者的需求是多种多样的。随着网络的兴起，消费也不应受到时间和空间的限制。市场缺口代表了潜在的可盈利的商业机会。例如，高端冰激凌、大码女装、大码鞋、健身服饰等都是市场缺口。

三、商业创意的可行性分析

当我们发现一个商业创意时，在进行商业模式设计之前，我们需要对商业创意进行可行性分析。可行性分析就是确定商业创意是否可行的决策过程。商业可行性分析包括产品/服务可行性分析、产业/目标市场可行性分析、企业组织可行性分析以及资金财务可行性分析等四个方面，如图2-3所示。

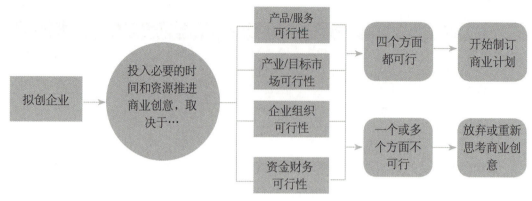

图2-3 商业创意可行性分析

（一）产品/服务可行性分析

产品/服务可行性分析指对拟推出的产品或服务的总体吸引消费者的情况进行评估，确认预期的产品或服务是市场需求并迎合了市场趋势的。我们可以通过以下问题来确定产品或服务的吸引力：

- 它有意义吗？合情合理吗？顾客会购买吗？
- 它是否利用了环境趋势、解决了消费者痛点或填补了市场缺口？
- 现在是将产品或服务引入市场的正确时机吗？
- 在产品或服务的基本设计或概念中，是否有缺陷？

在进行产品/服务可行性分析的时候，最佳的渠道就是走出办公室与潜在的顾客进行交流并收集反馈意见和信息，我们常用到概念测试。

概念测试就是向产业专家和潜在顾客展示对产品/服务的创意的初步描述，并听取他们的反馈意见，通常包括以下内容：

- 描述产品/服务，这一部分要详细说明产品/服务的特点，通常包括关于产品/服务的草图。
- 打算进入的目标市场，这一部分要列明打算购买产品/服务的消费者或企业。
- 产品或服务的好处，这一部分要描述产品/服务带来的好处，包括对产品/服务如何为顾客增值和/或解决问题的论述。
- 描述产品/服务的市场定位。
- 描述公司的管理团队。

产品/服务可行性分析还要确定产品/服务是否存在真实需求，我们常用的三种方法包括与潜在客户进行面对面沟通，利用在线工具进行评估需求，互联网、图书馆和调查研究。

> **新的商业创意**
> **新事业健康饮品公司**
>
> **产品**
> 　　公司计划向体育运动爱好者提供美味可口、营养丰富的健康饮料。这些饮料准备通过目前非常流行的便利店进行出售。为了保证公司及消费者的利益，饮料由知名营养学家XX博士和运动专家XX共同开发。
>
> **目标市场**
> 　　在经营的前三年，公司计划通过便利店以及大型大卖场渠道进行销售，目标市场是体育运动爱好者。
> 为什么要成立新事业健康饮品公司
> 　　运动饮料产业正呈现持续增长的势头。公司将要开发一种容积为500mL，售价为5~6元的全新运动饮料。
>
> **管理团队**
> 　　新事业健康饮品公司由李龙和王虎共同创办，李龙拥有运动饮料的销售经验和渠道，王虎拥有健康运动营养师专业资格。

（二）产业/目标市场可行性分析

产业/目标市场可行性分析是对要提供的产品或服务的整体市场的吸引力进行评估的过程。

每个产业的吸引力有所不同，一般来说，有吸引力的产业应具有下述特征：

- 年轻而不是老化的。
- 在生命周期的早期而不是晚期。
- 分散而不是集中的。
- 成长而不是衰退的。
- 目标顾客"必须拥有"而不是"想要拥有"的产品或服务。
- 企业数量不多。
- 较高的盈利率。
- 并不高度依赖关键原材料（如汽油或面粉）的低价格来保持盈利。

前4个产业特征非常重要，成长而不是衰退、分散而不是集中的产业处于其生命周期的早期阶段，相比于那些具有相反特征的产业对新进入企业具有更高的包容性。此外，其他因素也很重要，商业环境和趋势朝着有利于而不是不利于产业的方向而发展，对于产业的长期健康及孕育新的目标市场或利基市场是非常重要的。不断变化的经济和社会发展趋势有助于还是威胁了产业内的企业？边际利润在提升还是降低？创新是在增加还是消退？投入成本是在上升还是下降？产业内的主要产品正在打开新的市场还是当前市场正受到竞争产业的侵蚀？解决这些问题都有利于我们对产业的深刻认识。

解决了产业可行性分析，我们还需要对细分的目标市场进行分析。细分的目标市场代表了一群拥有相似需求的市场。初创企业资源有限，创业初期最好专注于更小的细分市场，这样可以避免与产业领导者的正面竞争，并集中资源服务好一个专业化的市场。例如，婴幼儿护肤品市场、大学生日常生活必需品需求市场、体育运动瑜伽服装市场和宠物食品市场等。在进行市场调研的基础上，我们可以用调研资料或二手资料对市场容量和市场需求量进行测算，分析市场的可行性。

（三）企业组织可行性分析

企业组织可行性分析要从拟建企业是否具有足够的管理专业知识、组织能力和资源等方面进行分析，重点是管理能力和资源丰度。

拟建企业应该充分评估其初始管理团队的才能或能力，不管这个创业管理团队是一个人还是有规模的团队，要清醒地认识自己，对自己进行自我评估。其中重要的两个因素就是个体创业者或团队对商业创意所抱有的创业激情以及对将要进入的市场的了解程度。

管理者的管理能力或管理才能主要考虑以下两种因素：①广泛的职业知识和技能；②基础商业知识，包括企业组成、公司成立、团队管理以及财务管理等知识。

企业组织可行性分析还要考虑拟建企业拥有资源的丰度。我们可以从以下除财务因素的其他非财务资源进行评估和分析。

- 负担起公司办公空间或租赁共享空间。
- 实验室、制造或开展服务业务的空间。
- 签约的制造供应商或服务提供商。
- 关键的管理人员（目前和未来）。
- 关键的辅助人员（目前和未来）。
- 公司运行必须的关键设备（计算机、机械装置、运输工具）。
- 在公司的关键领域获得知识产权的保护能力。
- 当地政府的支持。
- 形成有利的商业合作关系的能力。

以上资源可以对拟建企业进行资源整合，做好基础分析，其中有些资源，如办公空间和制造生产线，也可以进行合作或租赁开发。

（四）资金财务可行性分析

在创业初期我们要考虑的是启动创业所需的资金总量、类似企业的财务绩效和创业企业的投资回报吸引力。

启动创业所需的资金总量指做第一笔生意所需的现金总量,需要准备一个实际的预算,包括公司资本支出及企业创立和运行所需的全部运营费用。在确定了总量后,需要回答企业可以从哪里筹措到这些资金。

创业企业资金财务可行性分析的第二步就是和类似企业的财务绩效做对比,估计拟建公司的可能财务绩效,初步估算市场规模、销售数据及成本和利润等。

由于创业需要时间和精力,在考虑投资回报吸引力时往往要考虑下述几种因素:

- 投入资本的数量。
- 创办企业的风险。
- 投入资本的其他备选方案。
- 创业者时间和精力的机会成本。

任务二 商业模式搭建

一、商业模式含义

商业模式与创业机会有着紧密联系:创业机会是对市场潜在发展机会的总体概括,创业机会的潜在价值能否实现带有很强的不确定性;商业模式就是将创业机会的价值明确化的手段。通过商业模式的构建,创业机会的潜在价值与组织的运作流程可得到有效配合,这就会使创业者能够通过系统的思维方式思考创业机会的开发过程。管理学家彼得·德鲁克曾指出:现在企业之间的竞争不是不同产品之间的竞争,而是商业模式之间的竞争。

随着互联网的出现和快速发展,从20世纪90年代中期开始,商业模式的概念被广泛使用,并且被越来越多的学者和企业所重视。很多学者从价值传递的角度界定了商业模式。例如,Teece认为商业模式是企业为客户提供价值,并将客户支付的价值转换为利润的方式。Chesbrough则认为商业模式在企业的发展过程中有两个重要功能:价值创造与价值获取。依据这一概念界定,认为商业模式的作用主要包括阐明价值主张;识别细分市场;定义公司所需要创建产品或服务的价值链结构;为公司明确收入发生机制;描述该公司在机制网络内的位置,将供应商和客户联系起来,识别潜在的互补者和竞争对手;制定创新企业的竞争战略以获得并保持相对于对手的优势;等等。Morris提出了商业模式的界定，是指在特定的市场中，企业战略、结构、经济等各方面相互关联的决策变量组合创造持续竞争优势的模式。基于这一界定，认为商业模式分为经济层面、运营层面和战略层面。同时，Morris还列举了商业模式的6个核心问题：①企业为谁创业价值；②企业怎么创造价值；③竞争力和优势的来源；④企业与竞争对手的差异；⑤企业怎么赚取利润；⑥时间、空间和规模目标。通过上述分析，笔者认为商业模式就是为其利益相关者创造、传递和获取价值的计划和方法路径。

商业模式有标准商业模式和创新商业模式两种类型。

（1）标准商业模式。这类商业模式描绘了如何为利益相关者创造、传递和获取价值的计划和商业路径方法，见表2-2。

表2-2 标准商业模式

名称	描述
广告商业模式	基于为广告提供接近目标顾客途径的商业模式，例如百度、谷歌等
拍卖商业模式	为个人和公司提供一个平台，以拍卖形式销售物品，如闲鱼等网站
实物展示加鼠标商业模式	将线下和线上相结合的商业模式，例如华为、OPPO、小米等公司
特许经营商业模式	一家公司拥有成功的产品或服务（授权商），将其商标和经营方法许可其他公司（加盟商）使用，例如奶茶、服装等零售行业
免费增值商业模式	一家公司免费为顾客提供服务的基础版本，并通过销售高级版本赚钱，例如很多辅助办公应用程序（App）公司
低成本商业模式	通过服务大量的顾客来降低成本并赚钱，例如春秋航空等
制造商/零售商商业模式	制造商同时生产和销售产品，例如家电行业和新能源汽车行业
互补品商业模式	以不同的价格销售相关联的商品：一件商品（剃须刀架）以折扣价甚至免费价格销售，另一件互补品（刀片）以相对高的价格销售，例如游戏机和游戏、手机和通话费用、打印机和墨盒
订购商业模式	顾客每月、每季度或每年支付订购费，以获取产品或服务，例如杂志、影音视频等行业
传统零售商商业模式	直接向顾客销售其他公司制造的产品或服务，可以通过线上或线下的方式，例如京东、淘宝等电商和大卖场

创业者无论选择了哪种商业模式，都应该避免产生某一种商业模式是万能的想法，应该根据市场和趋势进行调整。

（2）创新商业模式。这类商业模式与标准商业模式的形态并不相符合，尤其在互联网发展的情况下，很多商业模式改变了产业内企业的业务方式和模式，见表2-3。

表2-3 创新商业模式

相对照标准商业模式	创新商业模式及描述
当地原有的出租车和公共交通服务	网络约车平台公司，能够快速的将乘客和想要提供乘车机会的车主联系起来，通过App可以提供更加整洁、快速、舒适的乘车服务，乘客和司机没有直接支付交易，通过平台公司进行结算

续表

相对照标准商业模式	创新商业模式及描述
提供已经预先组装好的标准化家电和汽车	个性化工业产品订制服务通过网络直销，允许顾客订制他们的工业化产品，提供更加丰富的产品，例如订制化新能源汽车、家电等行业
传统的商品销售和服务	共享经济商业模式，提供公共产品供消费者使用，按次收费，节约了社会资源，提高了资源使用效率，例如共享单车、共享办公室、共享充电宝
传统的商品服务提供者	免费提供商品或服务，收取其他广告费用。例如杀毒软件等互联网产品服务
相对于传统的商业模式，实现了顾客分类，可以聚集目标客户群	互联网+电商/平台，互联网的发展使信息交流越来越便捷，通过工具属性、社交属性、价值内容的核心功能过滤到海量的目标用户，例如微信平台、抖音、小红书等平台

二、商业模式模板

国内外专家对商业模式的理解和包含的内容从不同角度进行了论述和分析，为了更好地理解和执行，大部分专家都尝试从一个可视化的框架或模板中，表述各个部分之间的内在逻辑关系。亚历山大·奥斯特瓦德（Alexander Osterwalder）和伊夫·皮尼厄（Yves Pigneur）在《商业模式新生代》一书中推广的商业画布框架主要由9部分构成（见图2-4），展示了创业公司为其利益相关者创造、传递和获取价值的逻辑。

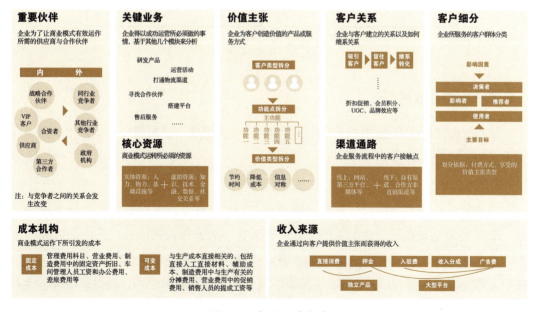

图2-4 商业画布框架

在商业画布的基础上，美国学者布鲁斯·R.巴林杰（Bruce R. Barringer）和R.杜安·爱尔兰（R. Duane Ireland）提出了更加全面和综合的商业模式，将创业公司的商业模式结构分为核心战略、资源、财务和运营和等4个模块，共计12个子项目，如图2-5所示。

图2-5　新商业模式

（一）核心战略

核心战略描述了企业的核心竞争力，由四个要素组成：公司使命、差异化基础、目标市场和产品/市场范围。

1.公司使命

创业公司首先要考虑公司使命，描述企业为什么存在及其商业模式计划实现的目标。公司使命就是创造企业价值的方式。例如，华为公司，聚焦客户关注的挑战和压力，提供有竞争力的通信解决方案和服务，持续为客户创造最大价值；小米公司，让每个人都能享受科技的乐趣和用户交朋友，做用户心中最酷的公司，始终坚持做感动人心、价格厚道的好产品；微软公司，致力于提供使工作、学习、生活更加方便、丰富的个人电脑软件；等等。

一般可以从以下因素撰写公司使命:
- 定义企业"存在的原因"。
- 描述是什么使得该企业与众不同。
- 具有风险性和挑战性,但可实现。
- 使用代表企业文化和价值观的语调。
- 在读者的心目中传达激情和毅力。
- 务必要诚实,不要弄虚作假。

2. 差异化基础

将公司定位和竞争者进行差异化对照对创新企业非常重要,一家公司的差异化基础是顾客购买这家产品而不买其他公司的原因,差异化一般控制在2~3个点上。例如,有一家专门生产学生背包的创业公司,在调查学生背包时发现,传统背包装的东西越多,对学生背部造成的伤害越大,因此,设计师设计出了带有轮子的背包,以减轻背部的不适感。公司传递的差异化有两点:将背包安装在轮子上,减轻背部的疼痛感;非常坚固,足以承受孩子或成人坐在上边。于是公司的宣传照就是孩子坐在背包上,这些差异化要点很容易被消费者记住。

在确定公司差异化基础时,要确保差异化要点是给消费者带来的好处,而不是产品本身的特色。例如,上述背包公司的宣传也可以针对产品本身的特色:可以像手提箱一样拖动,有一个坚固的铝制框架,有很多种不同颜色供消费者选择。然而,这些差异化不足以吸引消费者购买产品。家长选择产品的原因恰巧是带给其的好处:将背包安装在轮子上,减轻了背部的疼痛;非常坚固,孩子或成人都可以坐在上面;对学生来说,达到了实用性和外观之间的理想平衡。

3. 目标市场

识别企业将要进入哪个目标市场是非常重要的,这里的目标市场对创业企业来讲就是经过市场细分后的子市场,代表了具有相似兴趣的顾客群体。选择了目标市场,就可以对目标市场的消费者进行调研。例如,服装市场中的女性大码服饰,年轻人运动鞋,老年人运动鞋,年轻女性口红市场,婴幼儿纸尿裤市场,等等。

4. 产品/市场范围

创业公司的产品/市场范围定义了要重点关注的产品和创业初期市场,这里的市场要比我们选定的目标市场小。很多创业公司在创建初期其产品线和市场范围都很窄,随着公司成长且实现了财务保障后,开始追求邻近的产品和市场,这是因为新创公司通常没有足够的资源同时生产多种产品或追求多个市场。例如,热风(HOT WIND)公司,创建初期产品聚焦年轻上班族的鞋子和卫衣等,市场布局就是上海年轻人经常购物的地铁旁，随着公司业务的发展，现在产品线扩容，市场布局也紧盯快消品服饰布局的各类商场。

例如，某云数据存储公司，创业初期专注单一产品和专业数据技术用户，但是公司未来数年有自己的产品和市场规划布局。

- 创业初期起步阶段：单一产品/专业数据技术用户。
- 1~2年：单一产品/越来越多相关领域精通技术的用户，以及其他感兴趣的客户。
- 3~4年：单一产品/所有计算机和互联网用户。
- 5年：两款产品/所有的计算机和互联网用户。
- 6年：三款产品/所有的计算机和互联网用户。

（二）资源

商业模式的第二个模块是资源。资源是一个创业公司对其产品在生产、出售、分销和售后服务等方面的投入。在基础层面上，一家创业公司必须拥有能够运转商业模式的充足资源。例如，一家公司可能需要专利来保护其差异化基础。在更高层面上，一家公司最重要的资源，无论是有形的还是无形的，最好是难以模仿和替代的，这样该公司的商业模式才能具有长期竞争力。

1. 核心能力

核心能力是指能够支撑创业公司的商业模式并将其他竞争者区分开的特定要素或能力。核心能力有多种形式，既包括专利技术、专有技术、高效流程、与顾客的信任关系、产品设计方面的特长等，也包括对创意的激情、高水平的员工和士气等要素。一家公司的核心能力很大程度上决定了公司能做些什么，可以走多远。

2. 关键资产

关键资产是指创业公司拥有的并能够使其商业模式运转的资产。这些资产可以是物质、智力、资金或者是人力资源。物质资产包括厂房设备、物流仓储、车辆和分销网络。智力资产包括专利、商标、版权和商业机密等无形资产，以及公司的品牌等。资金包括现金、银行贷款和投资者投入的资金。人力资源资产包括公司的创始人、技术人员、核心员工和顾问等。

（三）财务

商业模式的第三个模块是财务，它包括收入来源、成本结构和融资/募资三个子项目。

1. 收入来源

一家创业公司的收入来源描述了赚钱的方式，很多公司只有单一的收入来源，而有些公司则有多种收入来源。例如，大部分餐厅只有一种收入来源，顾客点餐后的餐费。也有一些公司会销售成品或半成品以及餐厅的特色美食等增加公司的收入来源。各个公司赚钱的方式也有所不同，很多公司是通过消费者的一次性付款赚钱的，而有些公司是通过销售预定服务或充值服务获取经常性收入的。

公司收入来源的数量和本质对其商业模式的其他要素也有直接影响。所有的创业公司至少有一种收入来源来维持运营，是否需要增加或减少收入来源取决于公司的本质和商业模式的其他要素。例如，自行车商店不仅能销售自行车（收入来源1），还能销售自行车配件（收入来源2），提供自行车维修服务（收入来源3），以及赞助当地自行车比赛（收入来源4）。智能App的销售者可能会收取一次性的下载费用（收入来源1），并提供产品升级服务（收入来源2）。

2. 成本结构

创业公司的成本结构描述了为支撑起商业模式运转所需要的重要成本，通常分为固定成本和变动成本。建立差异化基础、开发核心能力、并购或开发关键资产，以及形成合作伙伴关系，这些商业活动都需要成本。创业公司不仅要确定其商业模式是成本驱动（低成本竞争）还是价值驱动（专注高质量个性化服务），还要考虑公司的固定成本、变动成本以及盈亏平衡点。

3. 融资/募资

创业公司的资金都比较短缺，有债权或权益性融资需求。有些创业者能够靠个人资源为公司提供资金支持。大部分公司在创业时需要从外部进行融资规划，需对所需的资本进行规划并确定资金的来源。

（四）运营

商业模式的最后一个模块是运营。运营主要包括产品（或服务）生产、渠道和关键合作伙伴等三个子项目。

1. 产品（或服务）生产

这一部分要重点说明公司生产的产品或服务的方式。如果创立公司的产品由内部生产，那么就需要有开发制造方面的核心能力，并获取与制造过程相关的关键资产，还需要大量的前期资金投入。如果创业公司的产品由外包或合作企业生产，那么就要寻找合适的制造商或外包供应商。

2. 渠道

渠道也就是我们常讲的销售渠道，生产的产品或服务怎么才能传递给消费者呢？一般包括通过自己销售，通过中间商、批发商，通过线上销售或网络直播带货等渠道。

3.关键合作伙伴

商业模式模块的最后一个子项目是关键合作伙伴。尤其对于创业公司来说,通常没有足够的资源,因此要学会资源整合,寻找可靠的商业合作伙伴,包括供应商和零售商等。

首要考虑的合作伙伴就是可靠的供应商,因此要求创业者关注供应链管理,掌握对信息流、资金流和商品进行协调的方法,提高供应链的效率。

在商业社会,我们还需要和其他企业建立多种多样的合作关系,例如,共同成立合资企业、合作网络、联营企业、战略联盟及加入产业协会等。

> **案例分析**　　　　途虎:以客户为中心的商业模式　推动飞轮效应

途虎养车,是中国领先的线上线下一体化汽车服务平台。2022年1月,汽车后市场服务商"途虎养车"向港交所递交上市招股书,在多轮融资后即将正式踏进资本市场。

招股书中介绍,途虎凭借以客户为中心的模式和高效的供应链,提供一站式、全数字化、按需服务体验,直接满足车主多样化的产品和服务需求,打造一个由车主、供应商、汽车服务门店和其他参与者组成的充满活力的汽车服务生态系统。

截至2021年9月底,途虎共拥有7 280万注册用户。根据灼识咨询报告,途虎的月活跃用户于2021年9月达到1 000万户,使途虎平台成为中国汽车服务提供商聚集的最大车主社区之一。

报告还显示,截至2021年年底,途虎在运营的汽车服务门店数量和品牌认知度等方面是中国领先的独立汽车服务品牌,客户净推荐值(NPS)为51.9。

1.以客户为中心,推动飞轮效应

让汽车服务成为一种按需体验,是途虎从线上切入市场的初衷,也是其飞轮的原动力。途虎坚信客户体验是成功的关键,因此也采用了以客户为中心的商业模式,坚持不懈地致力于改善线上、线下客户体验,进一步加快了飞轮。途虎的商业模式,如图2-6所示。

(1)一是提升客户体验可为平台带来更多的用户流量,并推动多个良性循环;二是能够向门店分配日益增长的用户流量,从而能够对线下门店实施强有力的控制和数字化管理系统。借助该管控和数字化管理,途虎能够确保一致、标准化的服务质量,提高客户对平台的信任,带动用户流量。

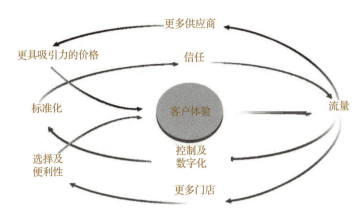

图2-6 以客户为中心的商业模式

（2）增长的用户流量使得途虎在商品采购的过程中加强议价权，使其能够为客户提供有吸引力的价格，进一步改善客户体验。

（3）增长的用户流量可吸引更多的门店加入到门店网络。具有更高密度和更广地域覆盖的门店网络，可为客户提供更多的产品和服务选择，增加服务便利性，进一步改善客户体验。

这些飞轮赋予途虎深厚的行业知识和数据洞察，使其能够不断优化和标准化平台上的产品和服务，并改进数字化门店和技师管理系统。数据洞察还有助于途虎更好地了解车主的需求，对自身和品牌制造商都有价值。

途虎坚信，以客户为中心的线上线下一体化平台能更好地服务于中国庞大的汽车服务市场，通过飞轮效应，也能够实现规模经济和业务加速增长。

2.线上线下一体化，做难而正确的事

途虎以客户为中心的模式和其亲自下场深度管控门店，以及通过科技来标准化、数字化汽车服务，是其区别于友商的核心优势。其实，在成为行业标杆的这一路上，在行业外的房产交易市场，早有"贝壳"与其"志同道合"。贝壳的创始人左晖用了20年的时间去解决一个问题：在超低频交易的行业里，如何培育高度的信用与合作？

（1）贝壳建立了中介和客户之间的信用。贝壳直营的中介品牌链家，一直倡导"真房源"，在十几年的积累中，慢慢建立了自己的信誉。

自途虎成立以来，也一直致力于解决中国汽车服务市场面临的主要痛点，陈敏也早早看到了在一个交易低频，供给过剩的行业中，客户对于产品和服务质量的渴望，以及在这类行业中提升C端（消费者、个人用户端）的认知和认可的重要性，并且不惜"卷起袖子"，放弃轻松的纯线上模式，进入门店市场，一点点打磨服务和流程，同时借助技术的优势，把线上线下融合，打造成一个密不可分的整体，并随着时间的推移，逐步建立起管理完善的门店和技师网络，为客户提供高质量的店内服务。

（2）建立中介之间的合作。贝壳早在链家的经营阶段，就开始建立合作与利益分配的规则。在有效的机制下，只要同行业者对各个环节的价值达成共识，最终按照价值分配利益也就水到渠成了。

服务门店是途虎终端客户的线下触达点，处于用户交互的第一线。在全国范围内，途虎建立了广泛的服务门店网络，并遵循双赢的理念管理门店网络，努力通过提供各种解决方案来满足门店需求，提高同行小微从业者的表现和效率。

（3）为了将整套合作机制从链家内部推广到整个行业，贝壳自建平台，允许不同中介公司在平台之上互通信息，并按照平台的规则分配利益，最终实现从公司管理（链家）到行业治理（贝壳找房）的飞跃。

无独有偶，途虎平台连接了许多对行业至关重要的其他参与者。途虎生态系统具有很强的可扩展性。已开发的完善、标准化的门店管理系统，使其能够通过轻资产加盟模式不断扩大网络，进而扩大生态系统，服务更多的客户。

不仅如此，途虎还直接与汽车零配件供应商合作，通过强大的供应链和覆盖全国的物流网络，高效提供价格实惠的正品产品。途虎已打造出一个包括车主、供应商、服务门店和其他参与者在内的"四方共赢"的汽车服务生态系统。

可以说，贝壳让大家看到了一个在低频、重服务的行业中，也存在着被数字化改造的可能，而途虎则沿着贝壳走过的路，正在继续向上。

未来的商业，可能不再是全品类、大电商平台的世界，而是会出现很多大垂直赛道里的"贝壳"和"途虎"，通过纵向的把线上流量和线下服务耦合起来，彻底改变现有的商业模式与竞争格局。

3. "虎年"冲刺IPO 招股书交出健康"答卷"

成立11年后，途虎作为中国领先的数字化汽车后市场服务商，已于日前向港交所递交上市招股书，在多轮融资后即将正式踏进资本市场。

途虎养车的收入保持较高速度增长，2021年前三季度总收入达84.4亿元，上年同期为59.5亿元，同比增长41.8%；2019年和2020年则分别为70.4亿元和87.5亿元。

招股书显示，途虎养车覆盖中国销售的大多数乘用车车型，具体涵盖239个品牌，超过44 000款车型，满足从轮胎和底盘零部件更换到汽车保养、维修、汽车美容等全方位的汽车服务需求。持续全面提升系统自动化能力、增加线下覆盖、引进优秀人才等需要。

按照招股书上披露的净亏损数字，2019年、2020年，以及2021年1—9月，净利润分别亏损34亿元、39亿元和44亿元。按照经调整的净亏损的数字，途虎在2019年、2020年和2021年前九个月的亏损额仅为10.3亿元、9.7亿元和9亿元。

亏损数字看似巨大，但需要指出，这与会计记账原则有关。因为公司业绩的不断发展，以往私募融资中发给投资人的可转换股不断升值，所以实际价值远高于当时发行的价格，于是按照国际审计准则，升值的部分会在账上形成一笔亏损，即"可转换可赎回优先股公允价值变动"，不少创业公司上市时都由此录得看似夸张的账面亏损。

综上，报表中"经调整后的净亏损"才是真实的亏损数字，也就是在每年9亿元左右的水平，相比途虎近百亿元的收入并不夸张。招股书里还披露了目前途虎的现金及银行结余，到2021年9月底是60.6亿元，显示其现金储备充裕。

同时，途虎正在不断优化产品结构，以提高利润水平。比如专供品牌和自有品牌的毛利率更高，途虎已经推出了33种自有产品品牌，以及34种专供产品品牌，且正在加大投入。

体现在结果上，途虎养车的整体毛利率从2019年的7.4%增加至2020年的12.3%，到了2021年9月，进一步增加至15.5%。

即使途虎养车在2021年已做到百亿元销售额，但在规模万亿元的汽车后市场中，市场份额仍然偏低，市占率提升大有可为。据商务部统计，2020年中国汽车后市场消费规模超万亿元。随着中国汽车保有量和平均车龄的提升，市场规模还将继续扩大。

资料来源：21世纪经济报道　2022-02-15 21:03

阅读思考

1. 途虎商业模式如何搭建？
2. 商业模式搭建对企业战略规划起到什么作用？

项目三 创业团队组建及商业计划书撰写

 **学习目标**

1.创业者应该具备哪些素质？创业团队如何组建？

2.商业计划书在创业中起到哪些作用？一份完整的商业计划书如何撰写？

任务一 创业团队组建

一、创业者组建

（一）创业者

1.创业者的含义

创业者是指创业活动的推动者或企业创立及成长过程中的经营者，是个体通过发现特定信息、资源、机会或掌握特定技术，以一定平台为载体，将信息资源、专利技术等资源，以特定方式，转化创造出更多的社会财富、价值来实现其特定目标的人。

2.创业者具备的创业素质

（1）身体素质。身体素质是确保创业成功的重要条件之一。在创业起步阶段，资金、人员、环境等各方面条件均不太成熟，与创业相关的大小事务几乎均要由创业者亲力亲为。创业者不仅要思考如何经营，还要兼顾管理，加之每天工作时间长，无特定休息时间，面对未知的未来与压力，若创业者体力不支、精力跟不上快节奏，那么很难承受创业之重任。

（2）创业意识和激情。创业的成功和创业者自我实现和追求成功的意识之间有着非常大的联系。创业者自身具备的自我驱动力可以帮助其克服创业过程中涉及到的各方面的艰难险阻。同时，创业目标的实现通常也是创业者能为之奋斗的终身事业，而这种持续的驱动力与激情，才能让创业者持久的拥有原动力去整合各类资源，并通过其解决创业全过程中遇到的相关问题。

（3）心理素质。创业的道路上充满荆棘，创业能否较平稳地度过与创业者是否具备强大的心理素质分不开。创业过程中的失利、失败是常有的事，如果真的发生了就需要创业者以其强大的心理素质与承受能力去应对和解决。同时，还需要创业者能以一种积极向上、沉稳和自信、坚韧及果断的心态去应对。

（4）知识素质。知识素质即创业全过程中需要的知识体系，对创业能否成功起着重要的作用。在创业道路上随时需要做出决策，而科学且果断的决策又依赖于创业者渊博的知识与经验，创业者若具有合理的知识结构，将会提升创业的成功率。①理解并用活政策，且要懂法和依法行事；②掌握基本的经营管理知识和方法，提高经营管理水平；③掌握与创业行业相关的技术知识与前沿内容；④具备财会、营销、电子商务及金融等基本的市场经济方面的知识内容。

（5）竞争意识。创业者的竞争意识关乎创业项目乃至整个创业团队能否在市场中生存下去，创业者及其团队只有敢于和善于竞争，并做到知己知彼才有可能在激烈的竞争环境下取得创业的最终成功。创业全过程中的竞争是无处不在的，对于创业者来讲，从创业之初就要作好竞争的心理准备，如果害怕甚至逃避竞争，那么创业将很难成功。

（6）诚信。诚信乃创业者之本，亦是经营之本。创业者在创业的全过程中要讲信誉、诚信经营，且要以诚信动人，并对自己的产品/项目负责，对创业团队负责，对产品受众乃至社会负责。诚信作为企业核心竞争力的重要组成部分是贯穿全过程的重要因素，创业者不守诚信的经营，短期可能"赢一时之利"，但长远必"失长久之利"。

创业者素质自我测评

创业者素质自我测评表见表3-1。

表3-1 创业者素质自我测评表

要素	序号	评价题目	评价				
			很不符合(A)	不太符合(B)	不确定(C)	比较合适(D)	非常符合(E)
资源	1	本人能发掘理想的合伙人，聘请专业技术人员					
	2	本人的资金和财务很充实，能确保企业首年正常运营					

续表

要素	序号	评价题目	评价				
			很不符合(A)	不太符合(B)	不确定(C)	比较合适(D)	非常符合(E)
资源	3	本人能通过各类渠道募集到所需要的资金					
	4	本人能很好的利用资金并控制好成本					
想法	5	本人有一定的想象力,并很流畅的表达出来					
	6	本人的想法较其它人有更大的价值和创造性					
	7	本人的想法可行性较高					
知识与技能	8	本人对涉猎的领域有较好的专业知识储备					
	9	本人对涉猎行业的市场运作和竞争水平有系统的了解					
	10	本人具备一定的管理经验并流畅的开展活动					
	11	本人眼光长远,看重长远发展					
才智	12	本人均以积极的心态迎接每一天					
	13	本人能很好地控制自己的性情和脾气					
	14	家人能从一开始理解并支持我					
	15	创业失利发生,本人能以积极的心态面对并解决					
才智	16	本人能注意观察细节并及时把握机会					
	17	本人能主动去应对和解决问题,而不是被动接受					
	18	本人不倾向于风险规避,而是主动应对					
	19	本人倾向于合作来完成工作					
	20	他人眼中的我,是一个值得信赖的人					
	21	本人能和陌生人打交道					
关系网络	22	本人能影响他人,并使人信服					
	23	本人能向媒体大众流畅地推销自己的公司					
	24	本人能和上下游行业保持紧密的合作关系					
	25	本人能和利益共同体形成良好的关系					
	26	本人能和同行业内的竞争者在竞争中良性发展					
目标	27	本人非常渴望有一份属于自己的事业					
	28	本人有明确的创业目标					
	29	本人有勇气和耐心去实现这个目标					
	30	本人有信心应对完成目标中遇到的各类困难					

资料来源：百度文库https://wenku.baidu.com/view/47cbcc18d05abe23482fb4daa58da0116d171f5ahtml?fixfr=f05e9K%252BiNmIU957IDTzgWw%253D%253D&fr=income3-wk_sea_vip-search

评价标准：根据所选答案,分别统计出A,B,C,D,E五选项的数目,频数最多的那个选项即为创业者所属的类型。五选项对应说明如下：

A.不适合创业或根本就没想过创业,倾向于规避风险,喜欢安定的生活,并且不善利用自己的资源去开拓事业。

B.有创业的想法但不倾向于实际创业,在实际生活中更倾向于安稳。

C.有创业素质,但信心不够,使得本人对这种能力的认识还不到位,或许也可以说,外界的影响力经常会左右测评者的选择。

D.具备创业的条件，可以尝试创业，本人的守业能力要持续增强以此来确保公司的长期稳定发展。同时，还需要不断地完善自己，使别人更加信赖你，增强你的个人魅力。

E.创业和守业适合度高，如能集中精力投入到一项创业项目或事业中，会取得很好的效果。但并非所有的人都适合做企业家，即使恰好具备这些素质，仍然不能忽略他人的帮助、忽略团队的力量，并应不断拓展自己的视野，坚持学习，持续提升自己的素质和能力。

（二）创业者具备的创业能力

（1）经营管理能力。创业者个人具备的经营管理能力是一种较高层次的综合型能力，是统筹全局的能力。此能力涉及到多方面，包括团队选择与使用、后续组合和优化、创业资金筹备与核算使用、合理分配与流动，等等。作为创业者，只有学会全盘管理、效益管理，以及知人善用和最大化整合资源，提高资料产出效能，才能形成市场竞争优势，并取得创业成功。

（2）领导决策能力。领导决策能力是创业者综合能力的体现，一个具有良好领导决策能力的创业者，与指挥官类似，其感召力、决策力及统筹全局的能力能确保其团队在各类复杂环境下，均能应对自如，且能更准确地判断局势并及时采取行动，为自己与团队创造有利环境。

（3）创新能力。创业即创新的过程，而具备创新能力的创业者，无思维定式且又不墨守成规，能根据所处行业及市场等环境的变化及时调整并提出新目标、新方案，不断开拓新局面。在竞争激烈的市场环境中，为自身创业项目的成长与成功争得一之地。

（4）社交能力。社交，即通俗来讲的"朋友经济、人脉经济、圈子经济"等，尤其在投资筹资招商中的作用日益凸显。人脉圈是创业者在创业资源、前沿信息、经营资金等方面的"蓄水池"，甚至在竞争过程中能起到关键作用。因此，适当扩大创业者的社交圈，与本行业相关的大拿结识，能帮创业者获得更多信息和更大发展。

二、创业团队

创业团队是指在创业初期或企业成立早期，由两个或两个以上具有一定利益关系的、拥有创建企业所有权或处于团队核心位置，才能互补、风险责任共担、愿为创业目标而奋斗的人所组成的工作组或工作群体。

（一）创业团队的组成要素

（1）目标。对于创业团队来讲，目标即为创造新价值的过程，是将创业团队凝聚在一起共同向前的重要要素，是创业成员共同努力去实现的内容。

（2）人员。任何创业项目或计划的实施最终均需要人去完成。人作为行为主体，既是知识的载体也是行动的指挥官，成员所拥有的不同知识与经验等因素将对创业项目的实施起着至关重要的作用。

（3）角色分配。明确创业成员在创业团队中所担任的职务及所承担的工作职责和工作内容，以及明确自身所要完成工作内容应要具备的工作权限等内容。

（4）创业计划。根据创业项目与竞争环境等要素，制定团队成员在创业的不同阶段所要承担的工作内容以及实施方案。

创业团队的主要作用包括发挥团队力量，提高机会识别、开发和利用的能力；提高新企业运作能力，发挥群策群力的协同效应；营造相互协作的工作氛围；等等。

（二）团队组建基本原则

（1）目标明确合理。有清晰明确的目标能让团队成员知道努力奋斗的方向。同时，目标的设置还要切实可行，成员通过努力可以实现，满足这些条件的目标才有可能起到激励作用。

（2）成员互补。创业团队之所以称为团队，其核心要点在于成员之间的能力、知识及经验等可以相互借力补充，以期实现成员之间的协作效应，呈现"1+1>2"的效果。

（3）精简高效。创业团队的成员不是越多越好，而是应根据项目要点与运作成本等因素，最大限度地发挥成员力量，实现既能使成员人数精简又能确保新创企业高效运营的目标。

（4）动态调整。创业有着非常不确定性的进程，在创业过程中，成员也可能因各种因素离开团队，期间也会有新成员加入，从而带来新思维、新想法。因此，不管是创业团队还是创业项目均是一个动态调整的过程。

（三）主要影响因素

（1）创业者。创业者作为创业的发起人，其自身的眼界、思维、知识能力和思想境界等对创业项目及团队的组建均产生着深远的影响，从根本上影响了创业团队组建涉及的方方面面。创业者对团队成员甄选，如何组建，何时引进新成员等均有决策权。

（2）目标与价值观。创业团队能否发挥出持久的战斗力，与是否有统一的目标与价值观相关。如果成员不认同创业目标，那么不太可能指望全体成员相互合作和奋斗。团队成员之间价值观不同甚至会导致团队走向瓦解。

（3）成员本身。成员本身主要指各个成员自身所具备的能力、经验与价值判断等因素对整体团队稳定性的影响。当然，成员间是否互信、互助、互补，也会影响团队的整体实力与战斗力的强弱。

（4）内外部环境。创业团队所处的宏、微观环境同时制约着创业团队的组建与成效。外部环境包括政策、经济、社会、市场及资源等因素；内部环境包括新创企业内部管理、团队管理、企业战略等因素。上述这些内、外部因素将直接或间接地影响着创业团队的组建。

（四）创业团队组建步骤

创业团队的组建因项目类型或团队类型的不同会存在一些差异，通常情况下有以下6步。

（1）明确创业团队目标。从创业之初至中后期乃至项目上市，各不同阶段均需要制定并明确目标，而各阶段的不同目标，均服务于创业团队的总目标。不管是组建一个什么类型的团队，还是补充什么类型的成员，均是为了更好地落实项目。企业从无到有，团队从初建到成熟，各阶段均有目标贯穿始终，即只有明确的目标，团队才有努力的方向。

（2）制订实施计划。目标确定后，接下来就是考虑如何实现各阶段的目标，即制订详细的实施步骤与计划，即创业计划。创业的实施计划是否周密、是否符合逻辑，其可操作性是否强，主要取决于创业团队对计划的理解，以及对创业目标是否进行了合理的分解与分工。只有团队间相互协作、相互配合才能较高效率的完成各阶段性计划。

（3）成员招募与调整。计划再好没有合适的成员去执行也是徒劳。作为创业团队组建中最为核心的一步——招人与换人，主要涉及以下两个方面：①互补，主要体现在能力、经验、技术、管理甚至对项目的认知等方面，即通过彼此间的互补关系能较好的形成工作闭环，进而极大地强化团队成员间的合作与认同并发挥出团队效应。如果存在成员无法认同企业价值观的情况时，那么要及时换人，避免其行为或言语动摇创业整体的稳定性。②人数，团队人数不是越多越好，而是既能确保团队高效运转且能力互补，同时还要确保成员间的信息交流无障碍，因此，通常来讲，人数控制在2~10人较合适。

（4）明确权责利。明确划分创业成员间的权力、责任及利益分配，确保团队成员能各司其职。当然，创业的全过程是动态变化的，对权责利的划分也需要根据成员所面临的创业环境、创业项目的实施情况、成员的变动等因素作出及时调整，才能确保团队成员在更为复杂的环境中随机应变。

（5）制度建设。制度建设贯穿于创业的全过程，涉及方方面面，诸如人事制度、组织条例、激励制度、考核制度以及管理制度等，制度对规范成员行为与言行，确保成员的行动与组织目标相一致起到关键作用。健全的制度能保障团队成员的利益，从而起到调动成员积极性，激发团队成员工作动力的目的。

（6）动态调整。动态调整的主要对象是人员。创业初期的成员能留到最后的比较少，大部分创业团队从初期的工作室到未来的集团企业，这期间经历了太多的人事调整、制度更迭和职责划分。对于创业团队发起人来讲，要做好时刻适应新情况的准备，要在动态调整的过程中不断强化团队合作、提升团队士气，确保创业目标的达成。

 案例分析　　如何带出1+1>2的团队？

（一）知人善任

1.传达善意

如何构建和谐的团队氛围？如图3-1所示。

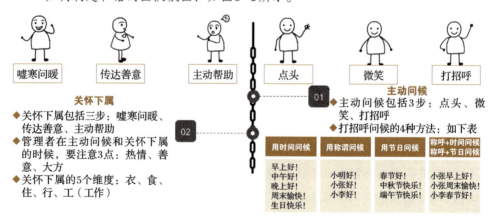

图3-1　构建和谐团队

如何查找下属工作出现问题的原因？如图3-2所示。

连续问为什么；

不要总找外部原因，要多从内部找原因；

不要总找客观原因，要从主观上找原因；

不要总找次要原因，要从顶层出发找主要原因。

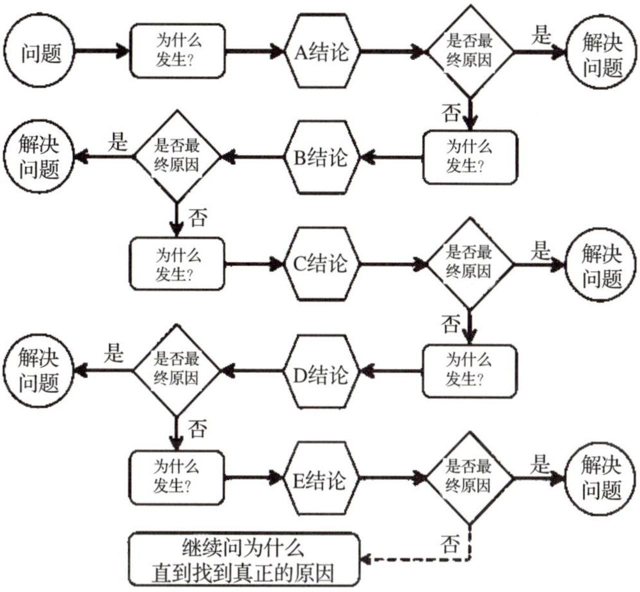

图3-2 查找问题与解决问题

2.认识下属

如何正确评价下属？如图3-3所示。

（1）按照工作评价划分维度的表格工具

姓名	态度情况	胜任力情况	绩效情况	综合评价
小张				
小王				
小李				
小刘				

（2）按照岗位胜任力划分维度的表格工具

姓名	素质情况	知识情况	能力情况	经验情况	综合评价
小张					
小王					
小李					
小刘					

图3-3 正确的测评

3.人尽其才

如何发现下属的核心诉求？

善用马斯洛需求层次理论，如图3-4所示。

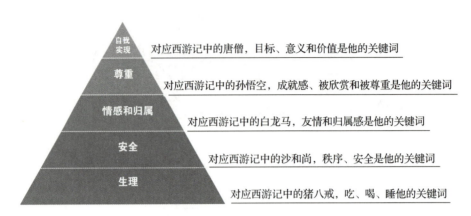

图3-4 马斯洛的需求层次理论

如何区分人才特质？如图3-5所示。

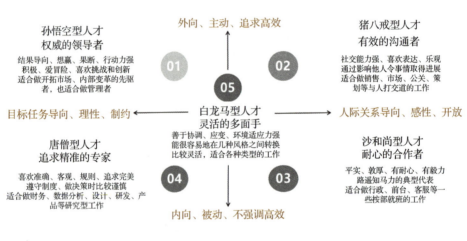

图3-5 人才性格的5种类型

如何用有限的精力抓住核心人才？

善用80/20法则，运用到团队中，一般表现为大部分贡献（大约80%）是由重要的少部分人（20%）提供的。

可以把资源适当向头部人才倾斜，有效提高团队效能，提升团队创造的整体价值。但这不代表应该把资源无限向头部人才倾斜，因为团队中总有分工，有"主角"，也有"配角"。

4.团队优化

如何在面试时看准人？如图3-6、图3-7所示。

| 冰山上的部分 | 显性特质：包括知识、技能、经验等，是比较容易测评的部分。相对来说，这个部分也比较容易通过培训来发展或改变。 |
| 冰山下的部分 | 隐性特质：包括自我认知、人格特质、动机等，是人们内在的、难以测评的部分。这个部分对人们的行为起着关键作用，比较难受外界的影响而改变。 |

图3-6　冰山模型

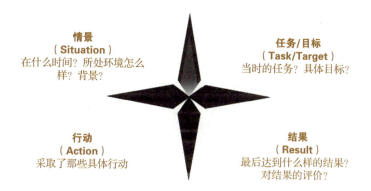

情景（Situation） 在什么时间？所处环境怎么样？背景？

任务/目标（Task/Target） 当时的任务？具体目标？

行动（Action） 采取了那些具体行动

结果（Result） 最后达到什么样的结果？对结果的评价？

图3-7　面试中的STAR模型

管理者如何做好角色转换，抓住工作重点，如图3-8所示

目标　目标是一个团队存在的基础，团队管理者要为团队明确目标，要帮助团队中的每一人建立目标意识，时刻提醒团队中的每个人牢记自己的目标。

计划　如果把目标比作方向，计划就是路径。是帮助团队或个人实现目标的具体行动方案，是开展工作的指引，是保证团队或个人不偏离目标的关键。

环境　环境对员工的工作效率有很大的影响。工作环境不仅包括办公场所、办公设施等硬件条件，还包括团队文化、工作氛围、上下级关系、制度流程等更重要的软件环境。

人　人是价值创造的本源。团队管理者务必要在团队成员身上多下功夫，关心、培养、尊重、理解他们，让团队成员感受到自己和团队紧密地联系在一起。

图3-8　团队管理者需要重点关注的四大领域

（二）工作安排

1.目标和计划

如何有效地设定目标？如图3-9、图3-10所示。

具体的(Specific) 目标应当是具体的、明确的，不能笼统，不能模糊

可衡量的(Measurable) 目标要是数量化或行为化的。验证目标是否完成的数据或信息是可以被获取的

可达到的(Attainable) 目标来源于实际，而非空想，在付出努力之后是可以实现的，不应设立过高或过低的目标

具有相关性的(Relevant) 目标是与本职工作相关的，是和其他目标相关联的，并在团队内部有共同指向和关联性

有时间限制的(Time-bound) 目标有特定的时间限制，有完成时间或截止日期

图3-9 制定目标的SMART原则

价值(Value)，指提高某类效率，增加某种效益；降低某项成本，减少某些风险。价值尽可能量化，归结为财务结果。

基础(base)，指当前具备的素质、知识、技能等软实力，以及物资、设备等硬实力。它是内部的能够控制的，是能通过主观努力提高的。

资源(resource)，指当前拥有的人脉、财力、权属等各类可以动用的资源。它是外部的、不受控制的、需要他人配合的，是不能仅凭主观能力提高的。

VRA原则表格工具

事物	价值	基础	资源	目标
A				
B				
C				

图3-10 VBA原则

如何将目标分解成任务和行动？如图3-11所示。

GTA目标分解法指的是从目标(goal)到任务(task)再到行动(action)的工作分解法。有了目标之后，为了保证完成目标，需要将目标分解成较小的、更易于管理的具体任务和具体行动。

工作的目标、任务和行动都有优先级顺序，主要按照紧急程度和重要程度划分。优先级最高的是既重要又紧急的事务，优先级最低的是既不重要又不紧急的事务。重要但不紧急的事务应当优先于紧急但不重要的事务。

GTA目标分解法原理

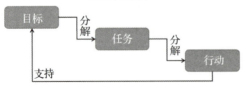

GTA目标分解法表格工具

事务	目标	任务	行动
A			
B			
C			

图3-11 GTA目标分解法

2.布置工作

如何有效地布置工作？如图3-12所示。

第一步，陈述任务
向下属布置工作任务

第二步，要求重复
要求下属重复一遍刚才布置的工作任务

第三步，询问原因
询问下属是否知道这项工作任务的意义，以及是否知道为什么给他安排这项工作

第四步，明确方法
询问下属是否知道完成这项任务需要用到的方法或工具

第五步，预估时间
询问下属现在是否有大体的工作规划，以及能否预估并确定完成这项任务需要的时间

第六步，提供资源
询问下属完成工作需要的资源和支持，并向下属提供这些资源

图3-12　布置工作的步骤

（三）如何有效沟通？

1.有效聆听

如何通过聆听寻找关键信息？如图3-13所示。

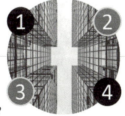

是什么？
下属想表达的关键信息有几条？
分别是什么？
信息背后的信息是什么？

为什么？
下属为什么要说这件事？
他的动机和目的是什么？

想什么？
下属有什么样的态度、什么样的情绪？
有什么具体诉求？

做什么？
下属想让我为他做什么？
我实际上能为他做什么？

图3-13　聆听中寻找信息的4个关键点

聆听最大的敌人是诉说的冲动。在聆听时，不论你认为对方的观点多么荒谬、可笑、幼稚、无聊，都不要急于表达自己的观点，要把关注点放在对方身上，在完全搞清楚对方想传达的信息之后再发表观点。

2.信息互通

如何与下属沟通？如图3-14所示。

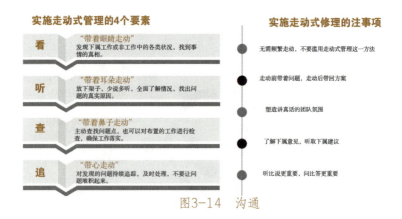

图3-14 沟通

（四）如何高效开会？

1.明确目的

选择参会人员的5点原则如图3-15所示。

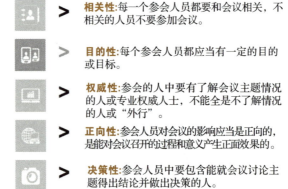

图3-15 人员选择的5点原则

2.输入输出

如何管控好开会的时间进程？如图3-16所示。

会议流程样表

时间	主题/内容	要求	负责人
9:15-9:30	签到	所有参会人员到场后签到	会务组小王
9:30-9:45	会议开场	提出会议要求	主持人小李
9:45-10:30	A问题的研讨	所有参会人员发言，每人5分钟	主持人小李
10:30-10:45	休息	期间不得离开主会场	会务组小王
10:45-11:30	B问题的研讨	所有参会人员发言，每人5分钟	主持人小李
11:30-11:45	总结A问题和B问题的研讨结果	所有参会人员可随时发表意见	主持人小李
11:45-12:00	形成会议决议并形成具体行动方案	根据研讨内容得出的行动方案要可执行、可实施、有时间限制、有责任人	团队管理者胡慧

一般企业会议时间参考

会议	时间
每天召开一次的会议	半小时以内
每周召开一次的会议	2小时以内
每月召开一次的会议	4小时以内
每季度召开一次的会议	8小时以内
每年召开一次的会议	16小时以内
临时的全员参与会议	8小时以内
临时的非全员参与会议	4小时以内

图3-16 会议时间的管控

（五）如何做好团队激励？

保健因素
- 并不具有激励性，当保健因素没有得到满足时，人们会感到不满意；但当这些因素得到满足后，人们的不满意感消失，但并没有达到满意的程度。
- 如薪酬福利、工作环境、工作职务、岗位红利。

激励因素
- 具有激励性，当激励因素没有得到满足时，人们不会满意，但也不会不满意；但当这些因素得到满足时，人们会满意。
- 如获得信任、职业发展、学习机会、工作前景、获得成就、工作权限、团队氛围、工作价值。

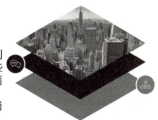

图3-17　团队激励因素

如何激发下属的动机？如图3-18所示。

M (motivation) 代表激发力量，是人的行为和潜力能够被激发的程度，代表着人们做出某种行为的动机。

V (valence) 代表效价，指行为达到预期目标后对满足个人需要的价值大小，是人们在主动产生某种行为之前，对该行为产生的结果的利弊判断。

E (expectancy) 代表期望值，指人们根据过去的经验判断自己达到目标的可能性。
期望值和个人主观判断有关。同一个结果，不同的人对完成的预期不同。

图3-18　效价期望理论

如何正确地表扬下属？如图3-19所示。

一分钟表扬法

A 一分钟表扬法指的是：当下属做出团队管理者希望看到的行为时，团队管理者对其给予的一种友好的正面反馈，这种表扬方式的优点是适时、快速、简短、精准。

B 一分钟表扬一般包括3部分：第1部分，大约半分钟，要及时称赞，描述细节、感受以及对团队的帮助；第2部分，停顿几秒钟，让下属享受表扬带来的喜悦；第3部分，大约半分钟，给下属鼓励和信心。

C 一分钟表扬的原则：
公开、即时、精准、简短。

表扬形成的行为增强回路

- 表扬能够帮助人们形成"行为增强回路"。当下属被表扬和肯定的时候，他得到了正反馈，持续的正反馈能激发下属产生持续的行为。
- 有人认为只有当下属做出一些成绩的时候才值得表扬。其实每个人身上都有值得表扬的闪光点，不必非要等到下属做出成绩之后才给予表扬。

图3-19　表扬方式

049

如何正确地批评下属？如图3-20所示。

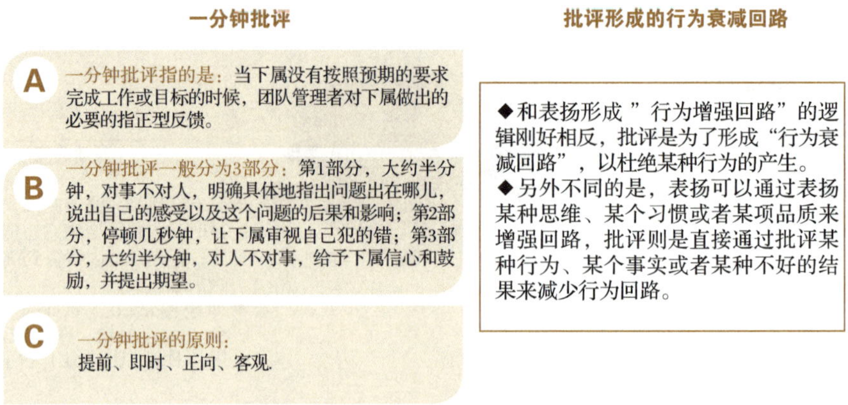

一分钟批评

A 一分钟批评指的是：当下属没有按照预期的要求完成工作或目标的时候，团队管理者对下属做出的必要的指正型反馈。

B 一分钟批评一般分为3部分：第1部分，大约半分钟，对事不对人，明确具体地指出问题出在哪儿，说出自己的感受以及这个问题的后果和影响；第2部分，停顿几秒钟，让下属审视自己犯的错；第3部分，大约半分钟，对人不对事，给予下属信心和鼓励，并提出期望。

C 一分钟批评的原则：
提前、即时、正向、客观

批评形成的行为衰减回路

◆ 和表扬形成"行为增强回路"的逻辑刚好相反，批评是为了形成"行为衰减回路"，以杜绝某种行为的产生。
◆ 另外不同的是，表扬可以通过表扬某种思维、某个习惯或者某项品质来增强回路，批评则是直接通过批评某种行为、某个事实或者某种不好的结果来减少行为回路。

图3-20　批评方式

如何正确地实施奖罚？如图3-21所示。

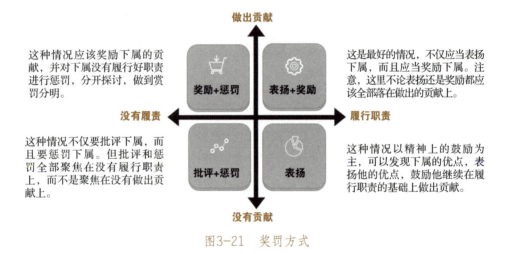

图3-21　奖罚方式

资料来源：模型手册2022-3-13　今日头条

任务二　商业计划书撰写

一、商业计划书概述

商业计划书（Business Plan）是项目单位或个人在前期对项目进行系统调研、分析以及整理文献资料的基础上,为了实现招商融资等目的,根据特定格式与要求编辑完成的向投资机构或个人全面展示项目概况的书面材料。

对于初创期的创业者来讲,一份优质的商业计划书是吸引投资人注意的关键文书。初创企业通常无历史经营数据可考证,产品还未推向市场,或已推向市场但成效仍需要一定时间来逐步显现,此时,计划书就起着让投资人快速了解项目、企业现状及未来的作用。投资人通过计划书中的内容完成各类评估,结合已有的数据评判此项目或企业的商业价值,最终做出是否融资的决定。因此,商业计划书是创业者吸引投资人的"敲门砖"。

商业计划书的核心目标是让投资商对项目有了全面、系统地了解之后,让其做出投资的决定。因此,商业计划书虽然有固定的格式,但是排版与内容几乎从投资商的角度去呈现其感兴趣的模块,以期能提高获得投资的概率。通常来讲,商业计划书能做到内容翔实、团队靠谱、数据真实、项目体系完整、项目持续盈利性强等要点,那么获得投资商青睐的概率也会增高。

二、商业计划书的作用

商业计划书作为正式的商业文件,其商业价值表现为多个方面,招商引资(寻求风险投资)仅仅是其诸多作用中的一个,除此作用外至少还包括如下内容。

(1)项目指导。商业计划书作为项目的纲领性文件,在创业全过程中发挥着指导作用:既指导项目执行人的实际运作,又给团队成员以方向,让成员明白未来的路要怎么走,要做好心理、行为等方面的哪些准备;既有战略指导意义,又是一份指导实践的可操作性文本,对项目未来的走向、成员的行动等方面都起着关键性作用。

(2)吸引优质骨干。商业计划书作为项目的纲领性文件,能让新成员快速了解发起人的思路、运作计划及对成员的要求等内容,能让成员根据计划书的内容快速作出自身是否匹配,对项目本身是否感兴趣等的回应,也能让发起人利用此文件吸引到适合团队及项目实施的成员乃至骨干。

(3)资源整合。对于一份完整且具有较强商业价值的商业计划书,是发起人对整个项目从构思到具体内容的全盘思考过程。在将其整理成文的动态整合过程中亦是思路的厘清、计划的制定调整和资源信息调研结果的提炼的融合过程。最终所形成的计划书便起着将各种生产要素、信息和资源有序整合,形成合力,创造出商业利润,促成项目落地实施,成功推向市场,直至企业有效运转的作用。

三、商业计划书的特征

作为创业项目纲领性文件的商业计划书有以下基本特征。

（1）创新性。商业计划书的创新性体现在项目新、技术新、营销模式新等方面，结合新的商业模式，将其从计划书上的理论内容转为可推向市场产生利润的产品，创新性也是项目能在较长时间内保持持续竞争力的重要因素，确保项目解决市场痛点的同时，能持续创新迭代保持持续优势。

（2）真实性。商业计划书的真实性体现在项目的可落地实施和按计划推进等方面。这个特征需要创业者前期做大量的市场调研和数据分析工作，发现市场的痛点、客户的需求点和项目的盈利点等真实内容，让创业项目具有非常强的可实施性，为后续进一步打开市场奠定基础。

（3）持续增值。持续增值体现在下述三点：①创业项目的持续盈收，投资人投资的重要因素之一是项目的持续盈利和后续的高回报。对于完全没有创收的商业计划书其商业价值将大打折扣。②在项目没有落地实施前，其增值盈收则体现在具有强说服力的数据与前景分析等方面。这些图表、行业数据等内容均应是有据可查的。③商业价值明显，创业者能充分、合理、有效的利用投资、盈利及回报分析等模块的讲解，让投资人明确投资后能产生多少效益与回报，促成其了解项目实实在在的商业价值。

四、撰写商业计划书的要求

为了提高投资人及机构对创业者商业计划书的重视，创业者在撰写计划书之前要做好周密的准备工作，通常包括以下几项内容。

（1）主题鲜明，吸引眼球。获得投资人及机构的投资是撰写商业计划书的重要目的，为了最大限度地抓住投资人的眼球，吸引投资人花更多时间来预判创业者创业项目的可行性，那么商业的主题就要非常鲜明，言简意赅的同时还要富有想象空间，即让投资人有兴趣继续听下去，避免聊天式的无目的的交流。

（2）事实说话，数据佐证。对于创业者来讲，初期的创业项目可能来自一个想法或一个灵感，那么创业者如何把这个存在于大脑中的思维或创意转化为可观、可感、可判断的项目呢？最直观的操作就是结合创业者的想法，调研真实的市场，用顾客的真实痛点来说明项目的商业价值，用具体的数据来佐证项目，不仅具有商业价值，而且还是非常可行的，进而，可规避掉投资人觉得是创业者想当然的说干就干的猜忌。因此，用事实说话、数据佐证就要求创业者做好充分的市场调研，实践才能出真知，才能确保项目确实具有市场价值。

（3）自我评估，动态完善。在撰写商业计划书的全过程中，创业者要时刻提醒自己从投资人及机构的角度来整合项目资源，设想投资人会有哪些疑问，商业计划书中的内容是否可以进行解释，以及这些内容能否持续吸引投资人的注意甚至达到共鸣。可以以复盘的形式发挥团队成员的力量，不断修改完善计划书中的内容，甚至包括寻求外援，如财务、法务、管理专家等，从不同领域的专业人士角度给商业计划书的商业价值把关，以期在评估中动态完善计划书的质量，达到融资的目标。

（4）提炼亮点、换位思考。一份完整的商业计划书通常有十几页甚至几十页之多，这么多的文字需要撰写者在已有框架基础之上，提炼出项目的独特性及亮点，这些要素可以是优质的团队、产品或服务的人无我有或人有我优，亦或是商业模式的别具一格，等等。总之，提炼亮点既是创业者更深层次地复盘创业项目，也是创业者吸引投资人的利器。此外，创业者还要学会换位思考，即时刻以投资人及机构的思维和立场来准备商业计划书，构思商业计划书的整体框架，要时刻设想自己作为投资人投资此项目的理由是什么。如果连自己都无法说服自己，那么更别提投资人的认可和投资。按投资人的思维和立场布局计划书的框架设计，将投资人特别看重的环节以特定形式展现出来，让投资人能快速清晰地了解项目精髓，吸引投资人评估完计划书中的内容，那么这样一份既有项目的全貌和重点，又有对项目的可行性、优越性、商业价值及回报等内容的全面分析，同时计划书逻辑思路清晰，有图、表证据链的佐证，那么吸引投资人融资也就是水到渠成之事。

五、商业计划书的注意要点与基本格式

1. 商业计划书的注意要点

- 商业计划书整体用语要简明，同时多以图、表来呈现数据，要结合行业具体发展前景与项目未来规划逐一展开论证。
- 团队工作能力、经验、学历以及人数等要合理搭配。
- 只有创意、口号，没有具体经营目标，或短中长期目标很难落地衡量。
- 公司业务类型和目标过于宏观。
- 只有口号式销售目标，没有实现销售目标的具体计划。
- 创业团队的能力无法让人信服其能持续保持长久竞争优势。
- 营销方案、竞争对手分析过于简单。
- 对于未来的经营风险预计不足，过于乐观。
- 项目市场规模过小或处于下坡行业。

- 产品及服务的有效客户过于单一或目标客户过于繁杂,导致专注度不够。
- 产品及服务解决的痛点泛而不精或容易被对方复制。
- 故意隐瞒、避重就轻、数据造假、团队能力和学历造假。
- 对融资需要以及未来资金预算和使用分配描述不清或不合理。
- 项目未来持续盈利动力不足。
- 财务数据测算不准确,前后数据出入过大。

2.商业计划书的基本格式

通常一份完整的商业计划书包括封面、目录、项目摘要、团队成员、产品及服务、市场分析、竞争分析、营销、融资方案、财务分析、风险以及附录等内容。其样式如下:

****项目商业计划书

项目负责人 ＿＿＿＿＿＿＿＿＿＿

项目领域 ＿＿＿＿＿＿＿＿＿＿＿

负责人联系方式 ＿＿＿＿＿＿＿＿

目 录

一、项目摘要 ……………………………………………………X

二、公司概述 ……………………………………………………X

三、产品或服务 …………………………………………………X

四、市场分析 ……………………………………………………X

五、管理团队 ……………………………………………………X

六、竞争分析 ……………………………………………………X

七、经营策略 ……………………………………………………X

八、财务分析 ……………………………………………………X

九、风险预判 ……………………………………………………X

十、附 录 ………………………………………………………X

一、项目摘要

项目摘要作为商业计划书的第一部分,是对整个项目计划的浓缩,是整个项目计划的精髓所在。项目计划概要应简洁、清楚地介绍产品或服务、商业价值、目标市场的描述和预测、竞争优势、核心的管理手段和资金需求、盈利能力预测、团队概述、预期投资人得到的回报等。项目摘要的字数在1 000字之内。

二、公司概述

公司概述涉及对公司过去发展史的介绍、当前情况的说明及对未来的整体规划等内容。具体包括法人代表、企业名称、注册地、经营地、组织结构、法律形式以及注册资本等基本信息；对于企业宗旨愿景、企业定位、企业经营理念等需要斟酌后确定具体内容；公司主营业务、发展史、经营策略、发展阶段等具体内容。

这部分内容是让投资人和机构快速了解企业当前已发展到什么程度，企业已经历了哪些主要的发展阶段，已经取得了哪些成果或已经获得了哪些融资。通常在商业计划书中以公司于哪年哪月成立打头，逐一罗列出各阶段具有里程碑的大事件来陈述。紧接着就是结合企业近期目标来描述新产品、新服务、新技术以及新渠道等内容的发展情况，延伸至企业未来的扩张、市场占有率等情况，让投资人看到眼前已有商业价值的同时，着眼于未来企业快速成长所带来的高增长值。

三、产品或服务

1.产品或服务描述

产品或服务是创业计划书的核心内容之一，它是对终端客户直接产生价值的内容，也是创业项目直接产生收入的来源。创业者要向投资人逐一介绍和说明产品或服务的具体内容：

（1）产品的名称、特性、功能及用途。

（2）产品的研发全过程。

（3）产品与同类竞争产品相比优势在哪里？

（4）产品的生命周期、市场前景。

（5）产品的技术迭代周期及成本等。

当介绍处于融资阶段的产品或服务时，投资人关心的核心问题是创业者所研发出来的产品或提供的服务能否解决目前市场的真实痛点，或在多大程度上解决现实问题，用户是否愿意为创业者的产品或服务买单，并持续买单，等等，这些都是在介绍产品时必不可少的内容。

创业者要用通俗易懂的语言来描述产品或服务，让投资人在最短的时间内明白产品的作用，带来了什么具体价值，未来成长性体现在哪，等等，具体来讲包括如下内容（仅供参考）：

(1) 目标用户购买产品希望能解决什么具体问题。

(2) 目标用户购买产品能获得哪些可见的益处。

(3) 创业者的产品或服务与市场竞争对手相比,有哪些不可替代的优点。

(4) 目标用户为什么不会选择竞争对手的产品。

(5) 创业者为让产品持续处于市场领先位置,已采取了哪些措施。

(6) 创业者已拥有了哪些专利及许可证。

(7) 当前创业者对产品的定价是否合理,能否带来较大利润空间?

(8) 创业者对产品的迭代是否有详细的计划。

创业者对自身产品或服务进行适当"包装"本无可厚非,但在融资阶段所做出的介绍、未来计划等内容需要后续逐一用实际行动去落实,不能过于夸大,以确保创业者与投资人之间能达成较长期的合作伙伴关系,也为创业项目本身争取较长的发展时间,不能急功近利,做出各类短期内无法实现的承诺。

2. 技术描述

技术描述包括目前产品已经应用了哪些技术,技术开发水平达到同行或全球什么阶段,技术是否有竞争力,技术是否取得专利,等等。

3. 研发与开发

(1) 技术所有权是企业首先要说明的问题,即在商业计划书中要坦诚地描述企业掌握了多少真实意义上的核心技术。当下各类高校或科研院所是技术的高产地。如果企业与高校或科研院所以合作的形式完成产品研发或技术开发,那么此技术所有权归属问题必须要双方签字并加盖公章,明确各方的权利和责任,以免企业发展到一定规模,因核心技术归属问题导致官司缠身,最终促使企业陷入发展停滞的境地。当然,创业者更不能为获得投资人融资而故意隐瞒、伪造归属权来欺骗投资人,一旦发现此行为,投资人极大概率会以创业者违背融资相关条款而直接撤资,创业者甚至可能还会面临被起诉的风险。

(2) 明确了研发技术归属权的问题,知晓了企业已掌握的核心技术数量,创业者还要详细说明目前研发团队的实力、技术未来发展趋势、技术更新迭代的周期、研发成本及预算以及研发的时间等内容。投资人及机构在了解了企业的研发力量后,还会关心企业的技术研发队伍能否跟上目标产品技术的迭代速度,能否根据顾客需要快速开发出新产品,是否有强大的技术力量能在较长时间内确保企业在技术层面持续领先。诸如这些要点,需要创业者用团队研发数据、已取得的研发成果、具体产品、专利、软件著作权等各种材料加以佐证。

4. 产品及服务迭代

对未来1～3年以及中长期规划，产品及服务的迭代安排，产品及服务的更新计划，结合产品生命周期如何做好产品或服务迭代工作。

四、市场分析

1. 目标市场

（1）将目标市场定位为X，Y，Z。当前这个市场有N个竞争者。

（2）当前产品拥有的优势：高附加值、高客户体验等。

（3）目标消费群。

创业者要根据企业已有的项目或服务，梳理哪些是明确的目标用户，哪些是潜在的目标用户，哪些需要进一步开发与引导才能转为忠实用户，等等。同时还要结合具体的数据来陈述当前已拥有了多少稳定的用户量，目前的市场占有率是多少；目前市面上同类竞争者的情况；同类竞争者在维护老用户开发新用户上有哪些策略，自身是否具备快速复制甚至赶超竞争对手的能力；等等。

2. 市场营销策略

投资人及机构希望通过此模块的内容，了解创业者及其团队是如何围绕其新产品或者服务营销其未来可能的市场，如何吸引目标用户的注意直至下单，并持续产生流量获得曝光率和知晓率。此环节的内容比较考验创业者及其团队的能力，策略设计的优劣将直接影响终端用户的数量多少。因此，此模块在商业计划书中涉及的主要内容至少包括目前已架构起的营销队伍、已取得的营销成效，接下去计划要开展的营销活动、营销渠道的选择和线上线下营销网络的构建、广告及促销策略的选择、价格策略、市场渗透、突发情况的应急措施等内容。

五、管理团队

投资人及机构投资的项目最终将由人去落实和实施，因此，项目不管优劣，选择合适的人及团队是重中之重。即商业竞争最终是人才的竞争，能吸引人才、留住人才并发挥其才能，那么在商业竞争中获胜的概率将成倍增加。因此投资人对于创业者及其团队能力和素质的评估也将是非常重要的一环。具体有如下建议供参考：

（1）对管理团队的情况介绍既要精又要全。所谓精体现在创业者及其团队成员的特质、优势、资质、背景等方面，体现出其专业性。所谓全体现在创业者及其团队成员对项目本身思考的周全、深入、团队合作融洽、复盘具有成效，结果导向、战斗力、凝聚力等方面，给投资人以信心。

（2介绍目前企业的主要股东以及股权结构、管理机构、成员间的权责利分配和薪酬待遇

（3）通过创业者的介绍要让投资人直观上认为此项目涉及的团队结构搭配合理，不但充满斗志，积极向上，而且能在压力下发挥出各自的优势，确保企业或项目能在竞争中获得持续竞争的能力，以克服在不确定环境中产生的极端问题，进而获得投资人较高的信任。

六、竞争分析

竞争分析指根据产品、价格、市场份额、地区、营销方式、管理手段、特征以及财务力量等要点分析重要竞争对手。

1.优劣势对比

2.市场进入障碍

七、经营策略

1.营销计划

2.产品开发迭代

3.市场沟通

（1）促销展出。

（2）广告。

（3）网络促销。

（4）捆绑促销。

（5）媒体刊登。

（6）邮件广告。

……

八、财务分析

财务分析是商业计划书的重要组成部分，对创业者的财务知识要求比较高。如果创业者是技术人才或管理人才，缺乏财务分析方面的专业理论知识，那么需向专业人士寻求帮助，切不可不懂乱造。向财会领域专业人士请教的同时，也可以考虑把具有财会实操经验的人士加入到团队中，确保财务分析详实

且恰当合理。

1. 业务收入预算表

2. 资产负债表

投资人可以用此表中的数据计算相关比率，以便衡量企业的经营状况和未来的投资回报率。

3. 现金流

4. 利润表

反映企业经过一段时间的运营后所获得的盈利，是企业经营结果的直接体现。

九、风险预判

企业管理风险的预判，以及针对风险应采取的具体措施。

十、附录

附录包括注册企业的营业执照复印件、公司架构、公司股份安排以及专利等信息。

融资计划书PPT：智慧社区服务平台项目商业计划书

项目简介：

本项目为互联网创业项目，旨在通过建立具有较强电子商务功能性的智慧社区服务平台，通过智慧门禁系统、智能物业终端系统及与各类垂直服务商对接，用户可以通过手机APP即可进行开门、物业费缴纳、预约物业维修、购买粮油之类的生活用品、预约上门洗车之类的生活服务等一系列跟生活息息相关的各项服务。智慧社区服务平台为用户提供生活中需要用到的各种产品及服务的信息，构建一个以生活服务为核心的大型综合信息平台，使用户可以通过一个APP即可满足生活的需要，免去手机需要安装众多APP的烦恼及不便，是一款能够为用户的生活带来优质服务的智慧社区服务平台。

项目发展背景：

社区是人民群众生产、生活的基本空间，是社会互动的重要场所，特别是随着我国市场经济体制改革的深化，社会结构的变化和社会管理体制的转变，社区已经由过去的单纯的居民居住点，转变为各种社会群体的聚焦点、各种利益的交汇点和社会生活的支撑点。

　　智慧社区，是指充分利用物联网、云计算、移动互联网等新一代信息技术的集成应用，为社区居民提供一个安全、舒适、便利的现代化、智慧化生活环境，从而形成基于信息化、智能化社会管理与服务的一种新的管理形态的社区。

　　设计案例：

目　　录

（一）项目概述

（二）项目发展背景

（1）智慧社区快速发展

（2）电商时代的居民社区蕴含巨大商业价值

（3）社区场景电商的发展与问题

（4）本项目建设具备的良好条件

（三）项目商业模式

（1）项目业务流程与盈利模式

（2）项目SWOT分析

（四）项目发展规划

（1）人员规划

（2）产品发展计划

（五）市场推广规划

（1）第一阶段

（2）第二阶段

（3）第三阶段

（六）融资需求与应收预测

（1）融资金额测算

（2）融资用途说明

（3）预期经营效果

（4）投资者权益

（5）投资退出机制

（七）风险与对策

（1）技术风险及控制

（2）市场风险及控制

（3）管理风险及控制

资料来源：商业投资咨询　李军

202-12-27　今日头条

项目四　创新思维、创新能力和创新方法

学习目标

1.创新和创业的关系是什么？

2.创新思维包括哪些？如何培养创新能力并掌握创新方法？

一、创新思维

（一）创新思维的内涵

创新思维是指以创造性的、新颖的方法解决问题的思维过程。通过突破常规思维界限，以超常规甚至反常规的方法、视角去思考问题，提出与众不同的解决方案，从而产生新颖、独到、有社会意义的思维成果。

创新思维的本质在于用新的角度、新的思考方式来解决现有的问题。

"创新"作为学术概念正式出现，起源于熊彼特于1912年出版的《经济发展理论》一书。他以动态的视角对"创新"进行阐释，认为创新是生产函数的变动，是对现有资源的重新组合，包括5种方式：①新产品或产品新特性；②新生产方式；③新市场；④新供应来源；⑤新组织方式。按照熊彼特的观点，创新是指新技术、新发明在生产中的首次应用，是指建立一种新的生产函数或供应函数，在生产体系中引进一种生产要素和生产条件的新组合。由于这种重新组合是企业家为获取潜在利润所采取的一种行动，而这种行动或新组合能够较旧组合生产出成本更低或利润更高的产品来，这便产生了创新。

创新思维需要对原有传统进行批判、破坏甚至颠覆。哈佛商学院教授克里斯坦森在《创新者的困境》一书中首次提到的颠覆式创新（Disruptive Innovation），被认为是

21世纪具有影响力的创新理论。与熊彼特所倡导的"破坏式创新"（重组现有资源以创新性地破坏市场均衡）所不同，克里斯坦森倡导的"颠覆式创新"专指这样一种创新过程：刚出现时技术不成熟、水平不高，不为主流市场所青睐，只能凭其某些新特性服务于低端或新兴市场。随着其产品或服务性能的提高，建立新的市场和价值网络，最终抢占主流市场，取代旧技术。

创新思维使用新的范式来改变现实状况，喜欢在多层面的理论、研究、发展和实现过程中解决问题，预期目标是对新事物的实现（把新的思想、理论、方法及设计转化为实际的精神产品或物质产品），创新思维要求务实地看待创意和产品，并判断其能否在真实世界中得以采用，确保在特定领域中的可行性。因此，创新思维强调想法的实现和应用，而非想法本身。

（二）创新与创造的联系和区别

如今，创新已是一个相当广泛的概念，在不同领域有着不同的含义。一般认为，"创新"是指利用已存在的自然资源或社会要素创造新的矛盾共同体的人类行为，是对旧事物的否定、淘汰或取代，是以新思维、新发明和新描述为特征的一种概念化过程。创新具有更新、创造新的东西和改变三层含义。

"创造"不同于"创新"，它是人类借助灵感、有意识的探索世界并获得新价值成果的行为活动，这种新价值成果可以是新思想、新概念、新理论或新方法，也可以是新颖、独特、有社会价值的新技术、新工艺、新产品。创造强调"从无到有"，强调结果的社会意义和价值，是创新的某种社会实现。而"创新是新设想（或新概念）发展到实际和成功应用的阶段"，是"创造的过程和目的性结果，侧重宏观影响的结果"。正如史蒂夫·乔布斯"创造"了"苹果"，而将其从单一的个人电脑Apple，成功扩展到数字音乐播放器iPod、智能手机iPhone、平板电脑iPad等多个产品和领域，这就是创新。

 创新故事

有4名营销员接到任务，到庙里找和尚推销梳子。

第一名营销员空手而回，说到了庙里，和尚说没头发不需要梳子，所以一把都没卖掉。

第二名营销员回来了，销售了10多把。他介绍经验说，我告诉和尚，头皮要经常梳梳，不仅止痒，还可以活络血脉，有益健康。念经累了，梳梳头，头脑清醒。这样就卖掉了一部分梳子。

第三名营销员回来，销了百十把。他说，我到庙里去，跟老和尚讲，你看这些香客多虔诚呀，在那里烧香磕头，磕了几个头起来头发就乱了，香灰也落在他们头上。你在每个庙堂的前面放一些梳子，他们磕完头、烧完香可以梳梳头，会感到这个庙关心香客，下次还会再来。这样就卖掉了百十把。

第四名营销员回来说，他销掉了好几千把，而且还有订货。他说，我到庙里跟老和尚说，庙里经常接受客人的捐赠，得有回报给人家，买梳子送给他们是最便宜的礼品。你在梳子上写上庙的名字，再写上三个字——积善梳，说可以保佑对方，这些梳子可以作为礼品储备在那里，谁来了就送，保证庙里香火更旺。这一下就销掉了好几千把梳子。

可见，如果不转变思维，要把梳子卖给和尚，简直是天方夜谭。第四名营销员正是转变了思维方式和推销方法，便从"不可能的"商机中，开发出了潜在的广阔市场。如果每个人都像他一样换种思维方式看问题，在思想和观念上有所突破和创新，不墨守成规，何尝不能成功。

资料来源：百度贴吧 https://tieba.baidu.com/p/7427282560

（三）创新思维的特点

1.联想性

联想是将表面看来互不相干的事物联系起来，从而达到创新的界域。联想性思维可以利用已有的经验进行创新，如我们常说的由此及彼、举一反三、触类旁通，也可以利用别人的发明或创造进行创新。联想是创新者在创新思考时经常使用的方法，也是比较容易见到成效的方法。

能否主动地、有效地运用联想，与一个人的联想能力有关，任何事物之间都存在着一定的联系，这是人们能够采用联想的客观基础，因此联想的主要方法是积极寻找事物之间的一一对应关系。

2.求异性

创新思维在创新活动过程中（尤其在初期阶段）的求异性特别明显。它要求关注客观事物的不同性与特殊性，关注现象与本质、形式与内容的不一致性。

科学家何非认为："科学研究工作就是设法走到某事物的极端，从而观察它有无特别现象的工作。"创新也是如此。求异性思维不拘泥于常规，不轻信权威，以怀疑和批判的态度对待一切事物和现象。

3.发散性

发散性思维是一种开放性思维，其过程是从某一点出发，任意发散，既无一定方向,也无一定范围。它主张打开大门,张开思维之网,冲破一切禁锢,尽力接受更多的信息。人的行动自由可能会受到各种条件的限制,而人的思维活动却有无限广阔的天地,是任何别的外界因素都难以限制的。

发散性思维是创新思维的核心。发散性思维能够产生众多的可供选择的方案、办法及建议,能提出一些独出心裁、出乎意料的见解,使一些似乎无法解决的问题迎刃而解。

 课堂游戏　　　　　比比谁高

目的:考查学生的创新素质。

材料:一副扑克牌,一盒回形针。

任务:在15 min之内,创造一个尽可能高的物体,如图4-1所示。

规则:①6~7人一组;②该物体要尽可能高;③支撑结构需要独立,不能依靠所提供物料之外的物体;④使用尽可能少的材料,只能使用提供的材料进行构建;⑤纸牌必须保证完好无损;⑥该物体要能至少站立30 s。

图4-1　堆扑克牌

 **"2021年中国最具创新力企业榜" TOP 50**

福布斯中国连续第四年推出"2021中国最具创新力企业榜",从商业模式、研发投入、自主知识产权、科技成果转化及自身成长性等维度出发,针对不同领域的发展现状、竞争情况以及发展趋势进行分析,量身定制特有的评判体系及标准,以评估企业的创新力,最终发现每个领域中最富有创新力并持续成长的企业。

榜单共计提名50家中国最具创新力的企业,覆盖新基建、半导体、电子元器件、新能源汽车、零部件、新能源、智能制造、生物医药、智慧农业和高铁等10个领域。值得注意的是,相比去年,上榜企业更新率超80%,并聚焦更多细分领域和传统行业，挖掘出更多潜力企业和"隐形冠军"，诠释中国的创新精神。

在疫情催生新应用和新模式层出不穷的同时，也推动了"新基建"的飞速发展。其中，以5G、云计算、人工智能、物联网等为代表的创新科技和应用正不断改变着人们的方方面面，推动全社会迈向数字经济的新时代。在半导体及电子元器件版块，三安光电、韦尔股份、闻泰科技、兆易创新等企业入选。在生物医药板块，成都先导、海思科、凯莱英、长春高新、智飞生物、康龙化成、药石科技等7家企业入选。在新基建版块，包括中兴通讯、移远通信、深信服、中际旭创等4家通信企业入选。

根据世界知识产权组织发布的"2020全球创新指数报告"，在全球131个经济体中，中国排名第14名，是前30名中唯一的中等收入经济体；在其中的重要指标中，中国在专利、实用新型、商标、工业品外观设计申请量和创意产品出口等重要指标上名列前茅，并且中国有17个科技集群进入全球科技集群百强，数量仅次于美国，排在世界第2位。

易观分析认为，中国经济已经逐步从"中国制造"向"中国智造"实现转型，作为未来战略的重要组成部分，中国重质量的发展模式正在取代过去重速度的发展模式，创新成为驱动中国经济发展的新引擎之一。

即使在疫情肆虐的大背景下，中国经济发展和科技创新依旧保持着良好的势头。根据易观千帆数据显示，截至2021年第1季度，中国移动互联网月活跃用户达到10.3亿户，同比继续实现增长。其中，移动电商、教育、办公等领域在疫情催化下用户规模呈现爆发式发展，并且直播电商、社区团购、C2M等创新模式不断涌现，这表明中国数字经济发展继续引领全球。

在应对全球气候问题方面，中国展现出大国责任，"碳达峰""碳中和"被首次写入政府工作报告，"绿色""生态"成为"十四五"规划的关键词。

21世纪初，中国光伏产业还处于简单引进设备，加工出口的阶段，而时至今日中国在光伏技术的发展和创新能力方面排名世界前列，中国的多晶硅产量已经位居世界第一，自给率超过50%，国内光伏制造装备的90%已经国产化；在光伏制造技术上，中国已经超越了全球所有发达国家。而在新能源出行方面，根据中国汽车工业协会数据显示，2020年，中国新能源汽车累计销量136.7万辆，同比增长10.9%，新能源汽车产销量连续5年居全球首位，并且中国新能源汽车的产业技术水平得以快速提升，形成了较为完善的产业生态体系，配套环境也不断完善。实现了从关键零部件电池、电机、电控系统的攻关、全产业链布局到充电桩配套布局等多层面的突破。另外，随着新能源产业的高速发展，上游终端电子产品的市场需求不断激增,促使中国企业在车用电机控制单元(Motor Control Unit, MCU)、传感器、功率变换器件等领域实现快速的技术突破,有望在第三代半导体技术上实现弯道超车。

资料来源:澎湃政务 2021-06-22 https://m.thepaper.cn/baijiahao_13264620

二、创新能力

(一)创新能力的内涵

创新能力是企业在技术和组织方面的知识的总和,它体现在企业的人力资源、技术系统(主要是硬件设备)、信息系统和组织管理体系中,是企业在市场中将企业要素资源进行有效的内在变革,从而提高其内在素质、驱动企业获得更多的与其他竞争企业的差异性的能力,这种差异性最终表现为企业在市场上所能获得的竞争优势。

企业创新能力的提升是企业竞争力提高的标志。创新能力的高低,直接关系到一个企业竞争力的强弱。创新能力强的企业,其竞争力也强,反之亦然。

 案例分享

在20世纪二三十年代,福特一世以大规模生产黑色轿车独领风骚十余载,但随着时代变迁,消费者的消费需求也发生着变化,人们希望有更多的品种、更新的款式、更加节能降耗的轿车可供选择。而福特汽车公司的产品,不仅颜色单调,而且耗油量大、废气排放量大,完全不符合日益紧张的石油供应和日趋紧迫的环境治理的客观要求。此时,通用汽车公司和其他几家公司则紧扣市场脉搏,制定出正确的战略规划,生产节能降耗、小型轻便的汽车,在20世纪70年代的石油危机中,后来居上,使福特汽车公司一度濒临破产。因此,福特公司前总裁亨利·福特深有体会地说:"不创新,就灭亡。"

资料来源:MBA智库百科 https://wiki.mbalib.com/wiki/创新能力

(二)创新能力的构成

1.市场能力

在市场经济条件下,企业首先需要决定针对什么样的顾客、开发什么样的产品;对产品如何定价,怎么说服客户、鼓励客户购买产品。因此,企业需要具备完成下述三个方面活动的能力：

（1）产品定义。在一个给定的市场上，企业需要根据用户的需求决定针对什么样的客户群体、开发什么样的产品，从而为企业的开发和生产经营活动确定目标用户群和产品。这包括市场调研、需求分析和产品定义等活动。收集用户的需求信息，对用户的需求进行归类分析，找出有可能满足的市场需求。产品概念的产生、选择和测试，最终给出产品的定义。对于一个成熟市场而言，随着企业产品种类的增多，企业还需要根据客户的要求进行有效的产品线管理。

（2）产品营销。一旦企业确定要开发产品，那么与产品相关的营销活动就成为必不可少的活动。这包括根据市场的情况对产品进行定价，通过广告和促销活动，吸引客户的注意，并影响和说服顾客购买目标产品，并指导客户使用新产品。

（3）销售执行。产品创新活动的最后一个重要的环节是实现创新活动的收益。这主要通过完成产品的销售来实现。因此，企业要建立销售渠道、配送体系，培训销售人员，并对销售活动进行监控；根据市场情况调整销售策略，有效管理折扣、销售回款；为顾客提供培训、安装和售后服务；等等。

2.技术能力

技术能力是企业创新的基础，企业获得骄人的创新业绩并创造财富，要有强大的技术能力做支撑。

技术能力附着在企业内人员、技术设备系统、技术信息和组织管理诸要素中，并体现为各要素所有内生知识存量的总和。它是一个表示企业内在技术潜能的概念，是企业提高产品质量、提高劳动生产率、降低产品成本和掌握技术创新的技术基础，也是企业全面提高经济效益、增强企业竞争能力的基础。

企业技术能力低下会造成以下影响：

（1）技术引进（包括购买硬件、许可证和专利等）过程中不能很好地消化吸收。

（2）技术合作（包括合资、合作研发等）中得不到合作方的重视，吸引不了优秀的合作伙伴。

（3）自主创新在较低水平上重复进行，技术创新能力缺乏基础和后劲，影响企业的产品和工艺创新。

这些影响最终使得企业难以形成技术核心能力，技术战略缺乏支撑，不能支持企业实现战略意图，影响企业的竞争优势。

3.整合能力

任何一个创新产品的成功，需要技术和市场两个方面的能力。任何单方面的能力，都不足以保证企业持续和稳定的产品创新活动。仅有发明创造并不能成为一个成功的创新，只有在此基础上完成生产、营销等一系列的活动，最终使之在市场中完成销售，才是有效的创新。"对一个科学问题的求解，或者在实验室里对一个新'产品'的发明，其本身对经济并没有直接的贡献，创新不仅需要基础研究、应用研究，还需要产品开发、制造、营销、配送、服务，以及后续的产品改进与升级等一系列的活动"。因此，除了技术和市场方面的能力，有效地将相关能力整合在一起也是至关重要的。

 **延伸与拓展**

好奇心和兴趣

好奇心是创新人才最重要的素质。科学上重大的原始创新大都是由好奇心推动的。众所周知，核物理学的一个重大里程碑——放射性的发现，就是因为居里夫人被一种强烈的好奇心所驱使，选择了探索贝克勒尔射线的秘密作为论文课题。她花了整整四年时间，在一个破旧的棚房中坚韧不拔地重复着繁重而又枯燥的工作，终于找到了新元素镭和钋。

爱因斯坦对传记作家塞利希说："我没有什么特别的才能，不过喜欢寻根刨底地追究问题罢了。"他又对一位物理学家说："空间、时间是什么，别人在很小的时候就已经清楚了，我智力发育迟，长大了还没有搞清楚，于是一直在揣摩这个问题，结果就比别人钻研得深一些。"他的这段极为朴实的话，蕴含着深刻的含义。

试想一下：你是否对自然现象感到过好奇？自然现象分两类，第一类是人们未曾经历过的异常现象，如火山爆发，对这类自然现象感兴趣的人很多，但能把这种兴趣保持下去的人就不多了；第二类是人们在日常生活中司空见惯的东西，如空间、时间是什么？对这类问题感兴趣的，或能够思考这类问题的人不多，其中绝大多数人只满足于一些简单的回答，能像爱因斯坦那样深入思考下去的人就仅是凤毛麟角了。

资料来源：中国科学技术大学 https://www.ustc.edu.cn/info/1057/5034.htm

4.直觉或洞察力

什么是人的直觉和洞察力？简而言之，它们是指当一个人面对十分复杂的情况时，迅速地抓住问题的关键并找到出路的能力。一个好的领导人，靠直觉和洞察力可以马上找到复杂问题的关键所在和解决办法。科学家也一样。好的直觉是优秀科学家的必要素质。

爱因斯坦曾解释过："（学生时代）我在一定程度上忽视了数学，其原因不仅在于我对自然科学的兴趣超过对数学的兴趣，而且还在于下述奇特的经验。我看到数学分成许多专门领域,每一个领域都能费去我们所能有的短暂的一生。因此,我觉得自己的处境像布里丹的驴子一样,不能决定自己究竟该吃哪一捆干草。这显然是由于我在数学领域里的自觉能力不够强,以致不能把带有根本性的最重要的东西同其他那些多少是可有可无的广博知识可靠地区分开来。""诚然,物理学也分成了各个领域。""可是,在这个领域里,我不久就学会了识别出那些能导致深邃知识的东西,而把其他许多东西撇开不管,把许多充塞脑袋,并使它偏离主要目标的东西撇开不管。"爱因斯坦强调了直觉在选择研究课题上的重要作用。爱因斯坦能够取得如此大的成功,原因之一就是他在很年轻时就懂得了直觉的重要性,又选择了他具有最好直觉的领域——物理学。

   创新能力测试

创新能力测试评分标准见表4-1。题号说明如下:

(1)你认为那些使用古怪和生僻词语的作家,纯粹是为了炫耀。
(2)无论什么问题,要让你产生兴趣,总比让别人产生兴趣要困难得多。
(3)对那些经常做没把握事情的人,你不看好他们。
(4)你常常凭直觉来判断问题的正确与错误。
(5)你善于分析问题,但不擅长对分析结果进行综合、提炼。
(6)你审美能力较强。
(7)你的兴趣在于不断提出新的建议,而不在于说服别人去接受这些建议。
(8)你喜欢那些一门心思埋头苦干的人。
(9)你不喜欢提那些显得无知的问题。
(10)你做事总是有的放矢,不盲目行事。

表4-1 评分标准

题号	"是"评分	"不确定"评分	"否"评分
1	-1	0	2
2	0	1	4
3	0	1	2
4	4	0	-2
5	-1	0	2
6	3	0	-1
7	2	1	0
8	0	1	2
9	0	1	3
10	0	1	2

答题解析：

得分22分以上，具有较强的创新能力。

得分11~21分，具有一定创新能力。

得分10分以下，说明被测试者缺乏创新思维能力，属于循规蹈矩的人，做人总是有板有眼，一丝不苟，适合从事对纪律性要求较高的职位。

注：答题解析仅供参考。

三、创新方法

创新方法多种多样，主要包括移植法、组合法、分解法、联想法、列举法、调整法、逆向思维、激励法、类比法和移植法等。

（一）移植法

在进行科技创新的过程中，创新思维尤其显得重要，而移植法是常用的一种创新方法。顾名思义，移植法就是将某一领域中的原理、方法、结构、材料、用途等移植到另一事物中，从而创造出新产品。有一位著名的发明家说过："移植发明是科学研究最有效、最简单的方法，也是应用研究最多的方法之一，重要的科学研究成果，有时也来自于移植。"

移植法可以分为原理移植、结构移植、方法移植和材料移植4种。

（1）原理移植。这指将某种科学或技术原理移向新的研究领域和新的载体的方法。

（2）结构移植。这指将某种事物的结构形式和结构特征向另一个事物移植，以产生新的事物的创造方法。

（3）方法移植。这指将某种事物的研究或生产方法应用到其他事物的研究或生产过程，以产生新的事物的创造方法。

（4）材料移植。许多工业产品是通过材料的更换实现创新的，这就是材料移植。

（二）组合法

组合法是将两个及两个以上的技术因素或按不同技术制成的不同物质，通过巧妙的组合或重组，获得具有整体功能的新产品、新材料、新工艺等的一种创造方法。日本创造学家菊池诚博士说过："我认为搞发明有两条路，第一条是全新的发现，第二条是把已知其原理的事实进行组合。"

组合不是将研究对象进行简单的叠加或初级的组合，而是在分析各个构成要素及基本性质的基础上，综合其可取的部分，使综合后所形成的整体具有优化的特点和创新的特征。许多杰出的创造性思维的精神产物与物质产物，都是由人类点滴积累的思维材料经过综合处理或个性加工而实现的。例如，轮子与轿子的综合产生了轿车，轮子与舟楫的综合产生了轮船，而"阿波罗"登月的壮举则是由空前的大综合实现的大创造。

组合法的分类如下：

（1）主体添加法。主体添加法是以某事物为主体，再添加另一附属事物，以实现组合创造的技法。

（2）异类组合法。异类组合法是将两种或两种以上的不同种类的事物进行组合以产生新事物的技法。

（3）同物自组法。同物自组法就是将若干相同的事物进行组合，以图创新的一种创造技法。

（4）重组组合法。重组组合法是通过有目的地改变事物内部各个要素的次序，并按照新的方式进行重新组合，以促使事物的功能或性能发生变化的组合方法。

（5）信息交合法。信息交合法是根据信息交合论的原理，在掌握一定信息基础上通过交合与联系以获得新信息，实现创造的技法。

（三）分解法

分解法是将一个整体事物进行分解后，使分解出来的那部分，经过改进完善，成为一个单独的整体，形成一个新产品或新事物的创造技法。

分解法的分类如下：

（1）原功用分解法。当将某个整体分解成若干部分或分出某一部分，作为一个新整体时，其功能目的同整体原来的功能目的一样，这样的分解创造方法叫做原功用分解法。

（2）变功用分解法。当将某个整体分解成若干部分或分出某一部分，作为一个新整体时，其功能目的不同于整体原来的功能目的，这样的分解创造方法叫做变功用分解法。

（四）联想法

联想法是指人们在从事创新思维活动时，受某些理论、事物的运动规律或变化的启发，形成一种新的理论。联想法对创新思维主体的想象能力有较高的要求。

联想法并不是随随便便就能掌握的，思维主体必须加强思维锻炼，强化自己的想象能力，这样才能较好地掌握联想法。联想法要求思维主体在平时要对周围的事物多观察，这样可以增加人们对外界的认识，也可以锻炼人们的观察能力。人们的洞察力提高了，那么便容易把握事物的本质，分析能力也会提高。如果思维主体一直是单向思维，没有进行一定的联想，仅仅局限在自己所思考的问题上，对外界的变化置若罔闻，这样的创新思维活动是很难有收获的。

联想的分类如下：

（1）相似联想。由一个事物或现象的刺激而想到与其相似的事物和现象的联想叫相似联想，如由冰糕想到冰块、冰球、冰淇淋等。

（2）相关联想。由一个事物或现象的刺激而想到与其相关联的事物和现象的联想叫相关联想，如由水想到江、湖、海、河、桥、船、雨、雪、水管等。

（3）因果联想。由一个事物或现象的刺激而想到与其有因果联系的事物和现象的联想叫因果联想，如由下雨打伞想到其他的防雨工具：雨靴、雨披、蓑衣、草帽、帐篷等。

（4）对称联想。由一个事物或现象的刺激而想到与其在时间、空间或属性上对称或相反的事物和现象的联想叫对称联想。

（5）仿生联想。通过研究和分析生物的生理机能和结构特征而进行的联想叫仿生联想，如由鸟联想而创造飞机，由鲸鱼联想而创造潜水艇，由蝙蝠联想而创造雷达，等等。

（五）列举法

列举是人们思维活动的表现形式之一。通过列举事物各方面的属性，构成一定数量，便有助于产生新的概念，同时可从所列举出来的事物的性质、特征中归纳出更一般的概念。一般人们不太会对熟悉的事物进行认真仔细的观察和分析，这在主观上就有了感知障碍，不能全面深入地考察问题。而列举法要求人们以一丝不苟的态度，将一个熟悉的事物进行重新观察，每个细节都列举出来，从中发现存在的问题，提出改进意见和希望，由此产生新创造。

列举法是将研究对象的特点、缺点、希望点都罗列出来，从中发现规律，提出改进措施，形成一定的独创性的一种方法。这种方法可以帮助人们抓住特点，把握主攻方向，寻找发明创造的途径。

（六）调整法

人们在进行创新思维活动的时候，有时会遇到一些思路不畅的情形。在这种情形下，调整思维方向是解决思维障碍的一个重要方法。调整法是指思维主体在思考问题的时候，思路不通，无法进行下一步思考，通过调整思维方向，获得创造性成果和创新思维。有时候，一次调整无法取得明显的效果，往往需要进行多次调整。

调整法作为创新思维的重要方法之一，在日常生活中得到了广泛的运用，也取得了非常显著的效果。例如，领导在批评某个犯错误的员工时，这位员工拒不认错，这个时候，领导就需要通过调整方法来教育员工。如果领导死抓住员工的错误不放，员工心里肯定会有抵触情绪。如果想让员工心悦诚服地接受批评，那么就应该调整方式，寻找新的、恰当的方式来对员工进行教育。

（七）逆向思维

逆向思维，又称反向思维，是与传统的、逻辑的、群体的、习惯的或定式的思维方向相反的一种思维。

从严格意义上来讲，学习逆向思维不是为了形成某种思维模式，而是为了培养一种思维观念，即在思维的过程中，并不是只存在着一条明显的思维道路，对客观事物要向相反的方向分析、思考，这样可以改变传统的立意角度，产生全新的见解。

逆向思维的分类如下：

（1）时序逆向。时序逆向就是从时间顺序上进行逆向思维，如瓜果、蔬菜以及服装的反季节购买或销售等。

（2）特征逆向。特征逆向就是从事物的基本特征的相反方向所进行的逆向思维。

（3）原理逆向。原理逆向就是从事物的原理的相反方向进行逆向思维，如电磁感应现象等。

（4）结构逆向。结构逆向就是通过结构位置的颠倒、置换等方式进行的逆向思维，如奇特的高尔夫球等。

（八）激励法（头脑风暴法）

激励法，又称头脑风暴法，简称"BS"（Brain Storming）法，是美国现代创造学奠基人奥斯本提出的，是一种集体操作型的创造发明技法；是将少数人召集在一起，以会议的形式，对于某一问题进行自由思考和联想，提出众多设想和提案的创新技法。

激励法的原则如下：

（1）自由思考原则。这一原则要求与会者尽可能地解放思想，无拘无束地思考问题，不用顾虑自己的想法是否"离经叛道"和"荒唐可笑"，特别鼓励求新、求异、求奇，与众不同。

（2）延迟评判原则。这一原则要求与会者在讨论问题时，不得对任何设想提出批评或者作出结论。也就是说，不管设想是多么荒唐和不切实际，也不得对其进行指责；不管设想多么新颖和实用，也不应当场夸奖。

（3）以量求质原则。奥斯本认为，在讨论解决问题的方案时，设想的数量越多，就越有可能获得有价值的创意。

（4）综合改善原则。要求与会者仔细倾听别人的发言，注意在他人启发下修正自己不完善的设想，或将自己的想法与他人的想法加以综合，再提出更完善的创意和方案。

激励法又有以下几种新的演进：

（1）A.D.里透法，又称戈登法，该法的发明人戈登在美国马萨诸塞州剑桥市的A.D.里透公司设计开发部工作期间发明了该技法，因此称之为A.D.里透法。

（2）默写式智力激励法：是奥氏智力激励法传入德国后，德国创造学家荷立根据德意志民族习惯沉思的性格，进行改革而创造的技法。

（3）三菱式智力激励法（MBS）：奥氏智力法虽然能产生大量设想，但由于它严禁批评，就难于设想进行及时的评价和集中，日本三菱树脂公司对此进行改革，创造出一种新的智力激励法——三菱式智力激励法，又称MBS法。

（九）类比法

类比法是把未知的对象和已知对象进行对比和类推，从而开阔思路、得到启发，为创造发明提供线索的一种创造技法。

类比法类型如下：

（1）直接类比。直接类比就是根据原型的启发，直接将一类事物的现象或规律搬到另一类事物上去，创造出新事物。

（2）仿生类比。仿生类比指将自己的研究课题与动植物的特性进行对比来解决问题的类比方法。

（3）因果类比。根据某一事物的因果关系推出了另一个事物的因果关系，这种类比就叫做因果类比。

（4）对称类比。利用对称关系所进行的类比就叫做对称类比。

（5）综合类比。根据一个对象要素间的多种关系与另一个对象综合相似而进行的类比推理叫做综合类比。

（十）移植法

移植法是指把某一事物的原理、结构、方法、材料等移植到新的载体，用以变革和创造新事物的创造技法。

移植法的类型如下：

（1）原理移植。将某种科学或技术原理移向新的研究领域和新的载体的方法，就是原理移植法。

（2）结构移植。将某种事物的结构形式和结构特征向另一个事物移植，以产生新的事物的创造方法，就是结构移植。

（3）方法移植。将某种事物的研究或生产方法应用到其他事物的研究或生产过程，以产生新的事物的创造方法，就是方法移植。

（4）材料移植。许多工业产品是通过材料的更换实现创新的，这就是材料移植。

 **思维训练**   5W1H法

5W1H法是由美国创造学家发明的一种创造发明技法，它从6个方面进行设问，而这6个方面〔①What（什么？）②Who（为什么？）③ Why（为什么？）④When（何时？）⑤Where（何处？）⑥How（怎样？）〕的第一个英文字母正好是5个W和1个H，因此称为5W1H法。

（1）What可以理解成什么是革新对象？什么是问题的关键？有什么有利条件？有什么不利因素？

（2）Who可以理解成谁是该对象的使用者？谁会喜欢它？谁不会喜欢它？谁适合承担该任务？

（3）When可以理解成何时开始？何时必须完成？何时投放市场最合适？

（4）Why可以理解成为什么要搞该项目？为什么别人成功或失败了？

（5）Where可以理解成从什么地方入手？地点选在什么地方？首先在什么地方销售？

（6）How可以理解成怎样实施？怎样进行？怎样解决可能发生的问题？怎样防止非法仿造？

设计你的创业企业，并使用5W1H法和发散思维与集中思维反复交替的方法加以论证。

提示：一定要结合自己的实际情况与市场、区域、技术、服务、团队等方面，从5W1H法中的6个方面进行发散与集中，把问号变为具体内容。

社会创新

1986年,管理学大师彼得·德鲁克提出"社会创新"(social innovation)的概念。自20世纪90年代以来,社会创新日益受到各国政府、学术界、民间组织和国际社会的关注和重视。美国斯坦福大学社会创新研究中心詹姆斯·菲尔斯等人指出,社会创新是对某个社会问题的新颖的解决办法,这个解决办法比现有的办法更有效、效益更高、更加可持续或更加公正,同时它所创造的价值为整个社会带来利益,而不是仅仅对某些个人有利。

这种不以商业盈利为主要目的,而是通过创新的方式和手段来解决社会问题、改善社会公共福利的创新被称作社会创新,也有人称之为公益创新。社会创新的定义有广义和狭义之分。广义的社会创新包括政府社会创新、企业社会创新和公民社会创新等,狭义的社会创新主要是指公民社会创新或者公民和公民社会组织等社会行动者在社会领域的各种创新活动。社会创新是非商业的,但它不是反商业的,它将成为非营利性组织运行的灵魂。作为创造公共财富最有潜力的方式,它可以被政府、企业采用。比如,某些非营利性卫生组织创造的优良的医疗管理流程被政府纳入公共医疗,产生了明显的效果。再如,自由软件开放源代码本来是一种社会运动,但被企业引入到商业模式中以后,在增加公共福利的同时,也创造了巨大的商业价值。

社会创新可以看作是政府社会创新、企业社会创新和公民社会创新共同作用的结果。政府社会创新是指由政府公共政策和施政措施所主导和引领的社会创新。在政府高度重视社会管理创新的当下,政策创新层出不穷,创新型政策引领的创新成为社会创新的重要形式。观察、总结和研究这些政府社会创新,可以深刻理解社会创新的基本走向和未来图景。企业社会创新是指企业运用生产、营销、人力资源、财务及研发等运营资源,通过创新模式,协助解决社会发展问题,是由企业的创新型实践所体现和代表的社会创新。在市场经济改革已经获得巨大成就,市场秩序和市场活力还将进一步发展的当下,各类企业在履行社会责任方面的创新,在经营业务中融合社会职能的创新,在谋取自身发展的同时参与社会实践的创新,无疑对社会创新有巨大的推动作用。公民社会创新是指由公益组织和热心公益的公民个人在社会公共领域从事和实践的社会创新活动。创新型公益所主导和引领的社会创新是整体创新中必不可少的一环。

资料来源:德鲁克社会创新思想及其价值探析《外国经济与管理》

案例分享　　当我们谈「创新」的时候，我们到底该谈什么？

说起创新，可能很多人的第一反应就是各种高大上的词汇：数字化、碳中和、元宇宙、熟经济、新能源车、人工智能、智能制造等。这往往会给人一个误区，"创新"仅仅是停留在那些更宏观和抽象的事物上，很多年前人人都在谈"互联网+"，但真正对于互联网这项技术的诞生和使用，很多人的理解不过是蜻蜓点水、浅尝辄止。

同样的，回到"创新"一词而言，在如今这个时代，大到一个企业，小到一个个体，人人都在提创新，但真正理解创新的人并不多。英国科学家马特·里德利在《创新的起源》这本书中，详细深挖了历史细节，通过对能源、交通、器械和通信等不同领域的内容进行历史解读，为普通大众还原了一个真实的创新故事。在阅读这篇文章的时候，你也可以带着一个探究者的心态来思考一下：当我们谈创新的时候，我们到底该谈什么？

创新需要付出相当多的努力，并非是一蹴而就的，而是需要遵循一定的运行基础和底层逻辑的。绝大多数的创新都不是在一望无际的黑夜中突然迸发出的光亮，而是从一个小小的火星，生长成丝丝缕缕的火苗，最后才能汇聚成漫山烈火。

就拿莱特兄弟的飞行试验的例子来说，早在他们成功试飞的前7年，一个叫兰利的美国天文学家就尝试过很多次飞行试验，并且在1896年的时候，成功地在空中飞行了90s，前进的距离达到了900多m，就当时的环境来说，其实成绩已经非常好了。但后面的试验更多的是以失败告终，为什么同样的环境，最后却是莱特兄弟成功飞上了蓝天？

1.有一定的基础

莱特兄弟本身是修车匠，用现在话说就是有一定的技术基础，而且他们为了实现动力飞行，还特地请教了很多专业人士。甚至还会去观察天空中的鸟类是如何飞行的，以此来获得灵感。

2.有方向性的发明

关于飞行实验，莱特兄弟从最开始就没有打算造一架飞机，而是造一台滑翔机。而且他们为了提高成功率，还在风洞中对模型机进行了上千次试验，做了非常全面和细致的测量。

3.解决了专业性的问题

他们几乎把所有的时间都投入到了工作和设计中，莱特兄弟解决了诸如螺旋桨和发动机的专业问题。当然，在书中作者也创造性地提出了一个观点：即使没有莱特兄弟，也一定会有人在20世纪的头十年里让飞机冲上云霄。因为当时已经出现了发动机，很多人都开始尝试制造空中交通工具，人类除了掌握和突破核心技术，剩下的就是反复试验和修正。而莱特兄弟的成功之处就在于，他们并没有指望一开始就打算建造一架飞行器，而是意识到自己只是出于一个不断迭代的过程中。除此之外，书中还有大量的案例在证明着：创新的产生必定是在源于大量的基础之上，并非是空中楼阁。

这些鲜为人知的历史细节都标志着，随着时机的成熟，发明要素纷纷涌现，而且绝大多数创新的底层逻辑无不是存在于一次次悄无声息的迭代中。对于醉心于创新的人而言，这显然是一个绕不开的朴素真理。

什么样的创新才是真正有价值的创新？

如果说真正的历史人物被人铭记，是因为他们往往创造了历史或影响了历史的进程。

那么你不妨回想下：又有哪些创新，注定要被写入历史？

作者在书中分享了一个我们日常随处可见的案例，我先卖个关子，你接着往下看。19世纪的伦敦，早已是世界著名大都市，当时随着城市人口的大量增长，排污系统出现严重不足的情况，虽然当时已经出现了抽水马桶，但是它有个致命缺陷：抽水马桶只能冲走污水，但没法去除异味。

很多人想了各种方法，但最后还是无济于事，所以只好继续使用外面的厕所。

这时候，出现了一个叫卡明的手工业制作者。他平时主要是制作时钟和风琴，但是就是这么一个和公共卫生八竿子打不着的一个人，居然发明了一种后来被称为"S型管"的东西。它是一种接在马桶底部的弯管，当马桶的水带走排泄物的时候，弯管能够储存少量的水在弯头中，用水直接隔离封住异味。之后，又有一位创新者把S型管改进成U型管，真正做到推动室内卫生进化的革命进程。让伦敦在一夜之间，变成了一座没有气味的国际大都市。

你可能会说，这不是就是一个改进抽水马桶的故事吗，怎么就值得被写入历史了呢？那你再接着看。

1954年，一艘来自美国布鲁克林港口出发的货轮，在德国的不莱梅哈芬港卸下了重达5000t的货物。而组成这5000t货物的产品确实五花八门，一共有将近20万种的东西。它们的包装几乎涵盖了你能想到的各种包装品，盒子、袋子、木桶、纸板箱等，不一而足。而这批货是来自美国100多个城市，分156个批次运到布鲁克林，光是上货就用了整整6天，而从美国到德国的港口又花了11天时间，再算上不莱梅哈芬港下货的4天时间。这么一趟成本就高达20多万美元，其中装卸费就占到了37%，而一般海上海运成本只占11%。

后来，一个叫麦克莱恩的美国货运卡车司机出现了，他彻底改变了这种局面。他并不是发明了集装箱，而是为集装箱搭建了一套运输系统，并为这套系统建立了标准化的标准，比如确定集装箱的大小，围绕这个尺寸，搭建起一整套包括工厂装货、卡车、起重机、港口等相关的适配系统，让这个集装箱像流水线一样真正无缝衔接到每一步的运输流程之中。

如果要问发明，这位麦克莱恩还真不是集装箱的发明者，但他能够清楚意识到，把集装箱嵌入到一个更多更大更需要它的协作网络之中。

就像作者在书中提到过一个观点：衡量一个创新的价值，除了技术水平的维度，实际上还需要考虑，这项创新是否被嵌入到它所在的协助网络中，看看它到底能发挥多大的作用。

简而言之，就是很多创新本身并没有什么技术含量，但它的出现能够让越来越多的人用得上、用得起，甚至能在社会结构中形成紧密一环，这才能算是一项了不起的创新。

说到这里，我们不妨反求诸己，问问自己是否能够自我创新，真正做到把自己嵌入到一个更大的协作网络之中，从而去帮助更多需要我们帮助的人？

创新的最后是让人类的生活变得更加幸福。

之前在网上看到一个小故事，一位网友去英国留学，发现他们的主食就是：蒸土豆、烤土豆、煎土豆、炸薯条配鱼柳等，全是土豆，就好像英国人是特别喜欢吃土豆一样，以致于很多人对于英国的印象，常常停留在"土豆之国"。

这话放在今天说，是没什么问题，但在很早以前，马铃薯最早出现在美洲大陆，亚欧大陆并没有马铃薯的出现，是西班牙人最早带回了马铃薯，最终才让这个小小的马铃薯征服了欧洲人的胃口。但这一切，似乎并没有上面这段文字这么简单，因为马铃薯在进入欧洲的时候，还是遭遇到很多人的各种抵制。

首先，客观上是因为种植时间，马铃薯在还没有被人类驯化之前，和当时欧洲人熟悉的耕作周期不同，也不是像麦子一样在秋天收割，习惯上就不一样。

其次，很多人抵制马铃薯是因为有人说，马铃薯的外形很像当时麻风病患者的手指，所以为了防止被传染麻风病，很多地方都禁止食用马铃薯。

这个故事的背后，也是暗藏作者的心意，作为一个英国本地人，他用这样的案例在告诉我们：创新的背后，一定是一场与现有既得利益者的博弈和抗争的过程。创新也就意味着，你需要对原有的社会共识进行改写，甚至是推倒重来，对于很多人来说：这是一个漫长且艰难的过程，但是一旦爬出思想上的绝望之谷，创新所带你走向的，必将是一片光明的开悟之坡。

《乔布斯传》的作者美国作家沃尔特·艾萨克森曾如是说过："科学的进步一旦得到实际应用，就会创造更多的就业机会，提高工资水平，缩短工作时间，也让人们学习如何生活，从而摆脱过去一直让普通人几近窒息的沉重工作。"

这段话的观点同样和作者的想法不谋而合，因为在他们看来创新的最后，是人类的生活变得更加幸福，而并非用先进的技术去阻隔人们对美好生活的向往和追求。就像我们已经经历的常态化疫情之下的生活，每个人都在新常态的陌生模式中，慢慢摸索着新的生活方式：线上办公、无接触社交、在线问诊、云加班、云端旅游等。而这一切的一切，都离不开无数个平凡但不平庸的人们不断在尝试和创新中，创造出来的。

历史常常在各种反转中为人们证明：最开始抵制创新的那批人，或许在将来却是创新的拥趸。就像19世纪的时候有人为了抵制创新甚至选择砸掉厂房的机器，因为他们担心创新会破坏就业，但事实证明创新的出现是在不断解放和提高生产力，以及在背后持续推高人们的生活水平和质量。同时，我们也能在这种创新的背后，发现个体发展的共性规律，那就是：万事万物都是从简单演化出复杂，也是整个宇宙避免热寂的希望。无论是精神还是肉体，都需要随时给自己以创新的态度和尝试，让自己从混乱中衍生出秩序，实现个体的逆熵之变。

资料来源：华章管理 2022-01-29 作者Ray先森

项目五　知识产权保护和知识产权创新成果应用

1. 知识产权有哪些法律特征？我们国家加入了哪些重要的国际知识产权组织？
2. 专利、商标、著作权、集成电路和计算机软件知识产权如何申请和获得？保护期限多久？
3. 知识产权成果如何进行资本化？

任务一　知识产权概述及知识产权组织

一、知识产权含义

知识产权（Intellectual Property）是无形资产的私有权，是自然人或法人在生产活动、科学研究、文学艺术等领域中对其创造性劳动成果依法享有的专有权利。

二、知识产权的内容

1. 《建立知识产权组织公约》

世界知识产权组织（World Intellectual Property Organization，WIPO）是联合国的专门机构之一。1980年3月3日，我国向世界知识产权组织递交了加入书，同年6月3日，我国正式成为世界知识产权组织的成员国。《建立世界知识产权组织公约》对知识产权所下的定义如下：①关于文学、艺术和科学作品的权利；②关于表演艺术家演出、录音和广播的权利；③关于在一切领域中因人的努力而产生的发明的权利；④关于科学发现的权利；⑤关于工业品式样的权利；⑥关于商品商标、厂商商标和标记的权利；⑦关于制止不正当竞争的权利；⑧关于在工业、科学或艺术领域里其他来自智力活动的权利。

2.《与贸易有关的知识产权协定》

《与贸易有关的知识产权协定》（Agreement on Trade-Related Aspects of Intellectual Property Rights，TRIPs）于1994年4月15日在摩洛哥的马拉喀什召开的乌拉圭回合谈判成员国部长级会议上，经104个参加方政府代表签署，于1995年1月1日起正式生效。1995年1月1日，世界贸易组织（WTO）诞生，自此知识产权保护正式成为WTO关注的一个重要方面。TRIPs列举的知识产权包括：①版权与相关权利；②商标；③地理标志；④工业品外观设计；⑤专利；⑥集成电路拓扑图设计；⑦未披露信息的保护；⑧许可协议中反竞争行为的控制。

3.《与贸易有关的知识产权（包括冒牌货贸易）的协定》

按照乌拉圭回合达成的《与贸易有关的知识产权（包括冒牌货贸易）的协定》，与贸易有关的知识产权包括以下内容：

（1）工业产权：专利；应用模型，实用功能设计；工业品外观设计，装饰设计；商标；地域标志；育种者的权利；等等。

（2）版权，或称著作权、文学和艺术作品权：作者的原著及表演者的演出、音像制品生产商和广播机构，主要用于印刷、文化娱乐、软件和广播。

（3）独立保护：独创的布局设计，主要用于微电子工业。

（4）商业秘密：秘密的商业信息，用于所有工业。

三、知识产权的基本性质

知识产权作为一种财产权，与人们所拥有的普通意义上的财产权有所不同，具有下述基本性质。

1.无形性

无形性是知识产权区别于其他有形财产（如物品）的最大特点。知识产权的客体是无形的智力创作性成果，是一种可以脱离其所有者而无形存在的信息，可以同时为多个主体所使用，在一定条件下也不会因多个主体的使用而使该项知识产权自身遭受损耗或者灭失。

2.专有性

知识产权为权利主体所专有，权利人以外的任何人，未经权利人的同意或者法律的特别规定，都不能享有或者使用这种权利。

3. 依法确认性

知识产权的确认或授予必须经过国家专门立法直接规定。由于无形的智力成果不像有形财产直观可见，因此，确认这类智力成果的财产权及其法律保护需要依法审查确认。

4. 时间性

法律对知识产权的保护规定了一定的保护期限，知识产权在法定期限内有效。我国发明专利的保护期限为20年，使用新型专利权和外观设计专利的保护期限为10年；我国公民的作品著作权的保护期限为作者终生及其死亡后50年；我国商标权的保护期限为自核准注册之日起10年，但可以在期限届满前6个月内申请续展注册，每次续展注册的有效期为10年，续展的次数不限。

5. 地域性

某一国法律所确认和保护的知识产权，只在该国领域内发生法律效力，即各国主管机关依照其本国法律授予的知识产权，只能在其本国领域内受法律保护。

6. 双重性

知识产权是一种为法律所确认和保护的权利，是一种私权。知识产权主要是一种财产权，同时也涉及一部分人身权（商标权只涉及财产权，不保护人身权）。知识产权涉及的人身权包括：①版权中的"人身权"或"精神权利"，基本属于人身权中的身份权；②科学发现权或者科学发明中的发现者或发明人的署名权、荣誉权、属于人身权中的身份权；③商号权（厂商名称权）兼有人身权中人格权的属性，具有财产权和人身权；④商誉权兼有人身权中人格权的属性，具有财产权和人身。

任务二 | 专利、商标、著作权、集成电路和计算机软件

为了加快知识产权强国战略，进一步深入实施创新驱动，深化知识产权领域改革，2015年12月18日，国务院提出了《关于新形势下加快知识产权强国建设的若干意见》，内容包括：加大对知识产权侵权行为惩治力度；加大对知识产权犯罪打击力度；建立健全知识产权保护预警防范机制；加强新业态、新领域创新成果的知识产权保护；规制知识产权滥用行为。

一、专利

《中华人民共和国专利法》（以下简称《专利法》）是确认发明人（或其权利继受人）对其发明享有专有权，规定专利权的取得与消失、专利权的实施与保护以及其他专利权人的权利和义务的法律规范的总称。《专利法》规定的专利主要包括：发明专利（Invention Patent）、实用新型专利（Utility Model Patent）和外观设计专利（Industrial Design Patent）。

（一）专利的类型

（1）发明专利。《中华人民共和国专利法实施细则》（以下简称《专利法实施细则》）第2条规定：专利法所称的发明，是指对产品、方法或者其改进所提出的新的技术方案，它是指通过发明人的构思，利用自然规律创造出的针对各种技术问题所提出的新的解决方案。发明可以分为产品发明和方法发明。产品发明是指制造各种新产品，即有关生产物品、装置、机器设备的新的技术解决方案；方法发明是指使一种物质在质量上发生变化成为一种新物质的发明，为制造某种产品的机械方法、化学方法、生物方法等，或是一种全新的制造方法、测试方法或使用方法等。

（2）实用新型专利。我国《专利法实施细则》第2条规定：专利法所称实用新型，是指对产品的形状、构造或者其结合所提出的适于实用的新的技术方案。它只涉及物品的革新设计，不包括物品的制造方法或工艺方法。

（3）外观设计专利。我国《专利法实施细则》第2条规定：专利法所称外观设计，是指对产品的形状、图案或者其结合以及色彩与形状、图案的结合所作出的富有美感并适于工业应用的新设计。

（二）专利权的含义和特点

1.专利权的含义

专利权（Patent Rights）是指由一国或地区的政府主管部门或机构，根据发明人（设计人）就其发明创造所提出的专利申请，经审查认为其专利申请符合法律规定，授予其发明人或其权利受让人在一定的年限内对其发明成果享有的专有权或独占权。

2.专利权的特点

（1）专有性，也称独占性，是指专利权人对其发明创造所享有的独占性的制造、使用、销售和进口的权利。《专利法》第11条规定：发明和实用新型专利权被授予后，除本法另有规定的以外，任何单位或者个人未经专利权人许可，都不得实施其专利，即不得为生产经营目的制造、使用、许诺销售、销售、进口其专利产品，或者使用其专利方法以及使用、许诺销售、销售、进口依照该专利方法直接获得的产品。

（2）地域性是指发明人依照本国专利法授予的专利权，仅在该国法律管辖的范围内有效，对其他国家没有任何约束力，国外对其专利权不承担保护的义务。因此，我国的单位或个人如果研制出有国际市场前景的发明创造，不仅要及时在我国进行申请专利，还应不失时机地在拥有良好市场前景的其他国家或地区申请专利。

（3）时间性是指专利权人对其发明创造所拥有的专有权只在法律规定的时间内有效，期限届满后，专利权人对其发明创造就不再享有制造、使用、销售和进口的专有权。《专利法》第42条规定：发明专利权的期限为20年，实用新型专利权和外观设计专利权的期满为10年，均自申请日起计算。专利权人应当自被授予专利权的当年开始缴纳年费，否则专利权也会在法律规定的期限内失效。

（4）无形性是指专利权和其他知识产权一样是无形的，它是不可以用具体的实物来加以衡量的，只有在其投入生产、制造、销售或者被其他一种更好的技术取代后，我们才能看出它的价值。

（三）专利权人的权利和义务

1.专利权人的权利

（1）独占实施权。独占实施权是指专利权人自己实施其专利的权利，即专利权人对其专利产品依法享有的进行制造、使用、销售、允许销售的专有权利；专利权人禁止他人实施其专利的权利。

（2）转让权。转让权是指专利权人将其获得的专利所有权转让给他人的权利。转让专利权的当事人应当订立书面合同，并在国务院专利行政部门登记，由国务院专利行政部门予以公告。

（3）许可实施权。许可实施权是指专利人通过实施许可合同的方式，许可他人实施其专利并收取专利使用费的权利。《专利法》规定：任何单位或个人实施他人专利的，除本法第14条规定的以外，都必须与专利权人签订书面实施许可合同，向专利权人支付使用费。《专利法实施细则》规定：专利权人与他人订立的专利实施许可合同，应当自合同生效之日起三个月内在专利局备案。

（4）标记权。标记权即专利权人有权自行决定是否在其专利产品或者该产品的包装上标明专利标记和专利号。

（5）请求保护权。请求保护权是指专利权人认为其专利权受到侵犯时，有权向人民法院起诉或请求专利管理部门处理以保护专利权的权利。

（6）放弃权。专利权人可以在专利保护期届满前的任何时候，以书面形式声明或以不缴纳年费的方式自动放弃其专利权。

2.专利权人的义务

（1）按规定缴纳专利年费的义务。《专利法》规定，专利权人应当自被授予专利权的当年开始缴纳年费。若不按时缴纳年费，其专利权即告终止或自动失效。

（2）专利权人实施其专利的义务。在中国取得专利的专利权人，负有自己在中国制造其专利产品、使用其专利方法或许可他人在中国制造其专利产品、使用其专利方法的义务，而且专利权人也不得滥用其专利权。

（四）专利权的取得条件

1.需具备的主体资格

专利权的主体是指按照《专利法》的规定，可以享受权利也必须承担相应义务的所有人，即专利权人。

（1）非职务发明。发明人可以是一个或两个以上的共同发明人，但是当一项发明是由两个或两个以上发明人共同合作创造出来时，必须由共同发明人共同提出申请，他们有权申请获得专利权并享受其相应的权利。

（2）职务发明。职务发明创造的专利申请权和取得的专利权归发明人或设计人所在的单位，发明人或设计人享有署名权和获得奖金、报酬的权利。职务发明与非职务发明主要区别在于：发明人是否是执行本单位的任务或者主要是利用本单位的物质技术条件完成的。本单位的物质技术条件是指本单位的资金、设备、零部件、原材料或者不对外公开的技术资料等。

2.需具备的必要条件

（1）授予发明和实用新型专利权的条件。根据我国《专利法》的规定，授予发明和实用新型专利权，应当具备新颖性、创造性和实用性。

新颖性（Novelty）是指在申请日以前没有同样的发明或者实用新型在国内外出版物上公开发表过、在国内公开使用过或者以其他方式为公众所知，也没有同样的发明或者实用新型由他人向国务院专利行政部门提出过申请，并记载在申请日以后公布的专利申请文件中。但是申请专利的发明创造在申请日前6个月内，有下列情况之一的，不丧失新颖性：在中国政府主办或承认的国际展览会上首次展出的；在规定的学术或技术会议上首次发表的；他人未经申请人同意而泄露其内容的。

创造性（Inventiveness）是指同申请日以前已有的技术相比，该发明有突出的实质性特点和显著的进步。判断一项发明是否具有创造性，主要是根据该技术领域中的普通人员是否能够轻易作出这项发明。

实用性（Practicability）是指该发明或者实用新型能够制造或者实用，并且能够产生积极效果。

（2）授予外观设计专利权的条件。授予外观设计的专利权，应当同申请日以前在国内外出版物上公开发表或者国内外公开使用过的外观设计不相同或不相近似，并不得与他人取得的合法权利相冲突。公开方式对外观设计来说，只有出版物公开或使用公开，并不包含其他范式公开；外观设计的新颖性判断，不考察抵触申请；《专利法》规定，不丧失新颖性的三种情况，同样适用于外观设计的情形；不得与他人先取得的合法权利相冲突。

（五）专利权的取得流程

专利权的获得需要申请人按照《专利法》的规定程序向国家专利局提出申请。经专利局审查，符合《专利法》规定才能授予专利权。依据《专利法》，发明专利申请的审批程序包括受理、初审、公布、实审以及授权五个阶段。实用新型或者外观设计专利申请在审批中不进行早期公布和实质审查，只有受理、初审和授权三个阶段。

二、商标

新中国成立后，我国第一部商标法规定《商标注册暂行条例》于1950年颁布实施；1963年，国务院颁布了《商标管理条例》，实行全面注册原则；1983年3月1日《中华人民共和国商标法》（以下简称《商标法》）颁布，后经1993年、2001年和2013年修正。

（一）商标的概念

商标（Trademark）一般是指生产经营者为了使人们认识其商品，以区别于其他人所生产或销售的同种或同类的商品而使用的一种特定商业标志。它通常由文字或图形或两者的组合所组成。

我国《商标法》第4条规定：自然人、法人或者其他组织在生产经营活动中，对其商品或服务需要取得商标专用权的，应当向商标局申请商标注册。第8条规定：任何能够将自然人、法人或其组织的商品与他人的商品区别开的标志，包括文字、图形、字母、数字、三维标志、颜色组合和声音等，以及上述要素的组合，均可以作为商标申请注册。

（二）商标的功能

（1）识别功能。识别功能是商标的最重要的功能，商标在不同的商品生产者或经营者所生产或经营的同一或类似商品之间制造差别，便于消费者区分商品的生产者或经营者。

（2）宣传促销功能。现代社会商标已经成为一种有效的广告方式，商标权人通过宣传商标知名度来提高商品的市场竞争力。

（3）品质保证功能。品质保证指的是同一商标标示同一质量，即相同的商标标示的一定商品或服务的质量相同，这意味着消费者可以凭借商标采购到自己预期质量的商品。商标也是商誉的表征，公众可以通过对特定商标所承载的商品或服务的质量建立对特定商品生产者或经营者的评价。

（4）传递企业文化功能。商标可以传递企业文化，例如比亚迪（BYD）汽车，BUILD YOUR DREAM。商标声誉累计到一定程度，可以脱离商品或服务本身，成为一种文化被消费者接受。

（三）商标的分类

（1）商标依据使用对象的不同，分为商品商标和服务商标。商品商标是指附着于商品上，标示商品来源的标识，其使用对象为商品，使用者包括商品的生产者和经营者。服务商标（又称服务标记或劳务标志）是指提供服务的经营者，为将自己提供的服务与他人提供的服务相区别而使用的标志，亦称服务标记。服务商标由文字、图形、字母、数字、三维标志和颜色组合，以及上述要素的组合。

（2）商标依据使用者的不同，可以分为制造商标、销售商标、集体商标和证明商标。

1）制造商标和销售商标是商品商标的再分类，制造商标是商品的制造者使用于其商品上的商标；销售商标是指商品的销售者使用于其商品上的商标，拥有较高知名度的销售者在其销售的商品上附加自己的商标以区别他人的商品，吸引消费者。

2）集体商标是指以团体、协会或者其他组织名义注册，供该组织成员在商业活动中使用，以表明使用者在该组织中的成员资格的标志。集体商标也有标识商品或服务来源的作用，集体商标不直接表明商品或服务的质量，不过因加入该集体组织本身需要一定的质量标准，因而也间接地反映了所标示的商品或服务的一定品质。集体商标可以转让，但受让人须具备相应主体资格，并履行相关审批手续。

3）证明商标是指由对某种商品或者服务具有监督能力的组织所控制，而由该组织以外的单位或者个人使用于其商品或者服务，用以证明该商品或者服务的原产地、原料、制造方法、质量或者其他特定品质的标志。证明商标既可以用于商品，也可以用于服务。任何经营者只要其商品符合证明商标使用章程所规定的条件，均有权申请使用该商标，商标权人不得拒绝。例如，国际羊毛局注册的纯羊毛标志就是典型的证明商标。

> **延伸与拓展**　　　　　　　　　　**地理标志**
>
> 　　地理标志指的是标示商品来源于某地区，该商品的特定质量、信誉或者其他特征，主要由该地区的自然因素或者人文因素所决定的标志。TRIPs第22条将地理标志作为新的一类知识产权要求成员国予以保护，以保护地理标志所承载的商誉，并使消费者免受虚假地理标志的欺骗或者误导，避免第三人利用地理标志进行不正当竞争。
>
> 　　《中华人民共和国商标法实施条例》第4条规定，《商标法》第16条规定的地理标志，可以依照商标法和本条例的规定，作为证明商标或者集体商标申请注册。以地理标志作为证明商标注册的、其商品符合使用该地理标志条件的自然人、法人或者其他组织可以要求使用该证明商标，控制该证明商标的组织应当允许。以地理标志作为集体商标注册的，其商品符合使用该地理标志条件的自然人、法人或其他组织，可以要求参加以该地理标志作为集体商标注册的团体、协会或者其他组织，该团体、协会或者其他组织应当依据其章程接纳为会员；不要求参加以该地理标志作为集体商标注册的团体、协会或者其他组织的，也可以正当使用该地理标志，该团体、协会或者其他组织无权禁止。

（四）商标注册原则

1.注册原则和使用原则

世界上对商标专用权的确定主要采取注册原则和使用原则两种制度。

（1）注册原则是指商标权通过注册取得，不管该商标是否使用，只要符合商标法的规定，经商标主管机关核准注册，申请人便取得该商标的专用权，并受到法律保护。我国采用的就是注册原则。

（2）使用原则是指商标在该国使用就产生权利，商标专用权归首先使用人，未经过使用的商标不得申请注册，注册后的一定期限内必须提出试用证明，否则注册无效。

2.申请在先原则

申请在先原则是指在商标权的确立上采取注册原则的国家，对不同的申请人提出的相同或近似的商标申请，以提出申请日期的前后决定商标权的归属。与申请在先原则相对应的是使用在先原则，谁先使用就可以获得该商标的权利，不考虑申请的先后。

我国《商标法》对申请在先原则做出了规定，标明在申请日期不同的情况下，初步审定并公告申请在先的商标；在同一天提出申请的情况下，商标权属于使用在先的申请人。申请商标注册不得损害他人现有的在先权利，也不得以不正当手段抢先注册他人已经使用并有一定影响力的商标。

3.自愿注册原则

自愿注册原则是指商标所有人根据自己的需要和意愿，自行决定是否申请商标注册。依据注册原则，只有注册商标所有人才享有商标专用权，未注册商标，商标权归属不定，不能禁止他人使用。我国除烟草制品实施强制注册外，均实行自愿注册原则。

4.优先权原则

优先权原则也是《保护工业产权巴黎公约》（以下简称《巴黎公约》）所确立的国际知识产权保护制度的一项重要原则，主要体现在要求保护工业产权的申请程序方面。我国于2001年12月11日加入世界贸易组织，而TRIPs重申了这一原则，所以我国无疑有履行优先权规定的义务。

优先权是指任何一个公约成员国国民，向任何一个公约成员国就工业产权保护提出正式申请以后的一定期限内，这一申请的日期在其他所有成员国都享有优先的地位，即同一申请在向一个成员国提出第一次申请后，在一定期限内再向其他成员国提出申请时，受理其申请的成员国应当视第一次申请日期为该申请人在申请过的申请日期。

通常，专利和实用新型的优先权期限为12个月，商标和外观设计的优先权期限为6个月。

5.按商品分类表分类申请原则

为了便于商标注册和管理，商标管理机关根据一定的标准，将所有商品划归为若干类，按一定的顺序排列变成表册。目前，世界上商品分类表有两类，一类是本国独立实行的商品分类表，另一类是国际统一的商品分类表。我国《商标法》规定，申请商标注册的，应当按规定的商品分类表填报使用商标的商品类别和商品名称。

（五）商标权

商标权是指法律赋予商标所有人对其注册商标所享有的支配性权利。要取得商标权，商标所有人必先向商标主管部门办理申请手续，经批准注册后取得商标专用权。在很多国家，驰名商标（Well-Know Trademark）不必申请注册便可获得商标权保护，而且保护的范围更大。

我国《商标法》规定了商标专用权的范围：注册商标的专用权，以核准注册商标和核定使用的商品为限。注册商标专用权人只能在核定使用的商品上享有专用权，他人在不类似的商品上申请注册或使用相同或近似的商标，原则上是允许的。

商标权具有以下特点：

（1）独占性。独占性是指商标是其所有人的财产，所有人对其享有排他的使用权，并受到法律保护，其他人不得使用。商标的独占性包括两个方面：一是所有人享有在核定的产品上独家使用权，未经所有人的同意，其他人不得乱用或滥用；二是商标所有人享有禁止权，即其他人不得将与商标所有人的注册商标相同或近似的商标用于同一类或类似的商品上。

（2）时间性。商标权的保护有时间限制，一般为10~15年，我国为10年。然而，与专利不同的是，在商标保护期届满时，可以申请续展，而且对续展的次数不加限制。

（3）地域性。与专利权一样，商标权人所享有的专有权只在授予该项权利的国家内受到保护，在其他国家并无法律效力。

（4）限制性。商标权与该商标所"核定使用的商品或服务"密不可分。商标的独占使用权是受到限制的。商标权人只能在"核定使用的商品或服务"上享有独占使用权，无权禁止他人在"核定使用的商品或服务"以外的"商品或服务"上使用相同或近似的商标。

延伸与拓展

驰名商标

（1）驰名商标这一名称最早出现于1883年的《巴黎公约》中，是指经过长期使用后成为相关公众普遍熟知并享有卓越信誉的知名商标。随着全球化的深入，驰名商标在市场经济中的地位日益凸显，各国企业都将其作为企业的一项重要资产。

一般来说，驰名商标的商品具有优良的质量和较强的信誉保证，在市场竞争中占有优势地位，能够为企业带来极大的经济效益，因而驰名商标本身具有很高的商业价值，驰名商标的侵权现象比普通商标更加严重。

（2）驰名商标的特殊保护制度。对驰名商标的特殊法律保护，通常是指：一项商标只要认定为驰名商标，则无论该商标是否已经注册，商标所有人都可依据有关法律取得"跨类保护"的商标专用权。所谓跨类保护，是指不论他人将该驰名商标用于相同或类似商品或服务上，还是用于完全不同的商品或服务上，商标所有人都可以对这种行为提起侵权诉讼。

三、著作权（版权）

（一）著作权的概念及其发展

著作权，是指著作权人对文学、艺术和科学领域的作品依法享有的专有权利。狭义的著作权是指著作权人对其创作的作品享有的民事权利。广义的著作权包括狭义著作权及其作品传播者在传播过程中所产生的的邻接权。

版权是英美法系国家中使用的概念，版权一词的英文为"Copy Right"，强调对作品的复制（即利用）的权利，是建立在"财产价值观"的基础上的，侧重于从商业的角度保护作者对作品这一无形财产的权利。著作权产生于大陆法系，英文为"Author's Right"，强调作者的权利，建立在"人格价值观"的基础上，将作品视为作者人格的外在反映，著作权保护的正是作品给作者带来的精神利益和物质利益。随着国际交流和合作的日益广泛，两大法系相互取长补短和借鉴吸收，现在两大法系主要国家都加入了《保护文学和艺术作品伯尔尼公约》（以下简称《伯尔尼公约》），两个法律体系的国家的差别正在缩小。我国著作权法专门规定：本法所称的著作权即版权。

 **著作权中邻接权与狭义著作权的关系**

邻接权与著作权同属版权的范围，因而同属知识产权范畴。邻接权（Neighbouring Rights）又称为作品传播者权和作品之外的劳动成果的创作者对其劳动成果享有的专有权利的总和。随着传播技术的快速发展，传播作品的手段日益多样化，作品传播者在传播过程中所产生的智力劳动能大大提高作品的知名度和美誉度，且能使作品广泛地被社会公众所接受和认可。邻接权主要包括唱片制作者对其录制的唱片、表演者对其表演的节目、广播电视组织对其广播的节目所享有的权利。

邻接权与狭义著作权的区别：

（1）主体不同。狭义著作权的主体一般是作者，包括自然人和法人、其他组织；邻接权的权利主体是出版者、表演者、音像制作者和广播电视组织，除了表演者可能是自然人外，其他邻接权的主体都是法人。

（2）保护对象不同。狭义著作权的保护对象是文学、艺术和科学作品；邻接权的保护对象是经过传播者艺术加工后的作品。

（3）内容不同。狭义著作权主要是作者对作品享有的人身和财产权利；邻接权是作品的传播者在传播过程中所产生的的出版者权、表演者权、录音录像制作者权、广播电视组织者权,权利没有狭义著作权丰富。

(4)受保护前提不同。狭义著作权是邻接权产生的前提,邻接权在多数情况下需要利用狭义著作权人所创作的作品,而狭义著作权多数是独立使用,但是像演绎作品等狭义著作权是利用原创作品的,需要尊重原创作品的著作权。

(二)著作权的取得和保护对象

1.著作权的自动取得制度

著作权自动取得,是指著作权因作品创作完成,形成作品这一法律事实的存在而自然取得,不再需要履行任何手续。这种获得著作权的方法称为"无手续主义""自动保护主义"。著作权的自动取得,在理论上又称为创作主义。大多数国家都采取了这种制度。《伯尔尼公约》确认了自动取得制度。

2.著作权的主体

著作权主体是指依法对自己创作行为享有著作权或者依法通过有效途径享有著作权的自然人、法人或其他团队的总称,其作品的创作者和作品的传播者,包括普通主体和特殊主体。

(1)普通主体包括原始主体和继受主体。原始主体是指直接创作作品的作者;继受主体又称派生著作权人,是指通过受让、继承、受赠或法律规定的其他方式取得全部或部分著作权的自然人或法人,如职务作品、委托作品中的雇主、出资人等,国家在一定条件下也可以成为继受主体。因为继受主体享有的权利是从原始主体处获得的,所以要以原有著作权存在为条件,并且不可能享有完整的著作权,只能取得著作财产权的全部或部分,而不可能取得著作人身权。

(2)特殊主体。一般是指传播作品的邻接权人,他们因自己在传播作品的过程中付出创造性的劳动而享有相应的权利。例如,《中华人民共和国著作权法》(以下简称《著作权法》)规定的邻接权人包括表演者、书刊出版者、录音录像制作者、广播电台和电视台。

3.著作权的客体

著作权客体是指受著作权法保护的作品和创作,一般是指"文学、艺术和科学领域内具有独创性并能以某种有形形式复制的智力成果"。所谓的"创作"是指直接产生"文学、艺术和科学作品的智力活动。为他人创作进行组织工作,提供咨询意见、物质条件或者进行其他辅助工作,均不能视为创作"。

著作权保护的客体必须具备以下构成要件:

(1)独创性。独创性也称为原创性或创造性,是指由作者独立构思而成的,作品的内容或者表现形式完全不是或基本不是同他人已经发表的作品相同，即不是抄袭、剽窃、篡改他人的作品。

（2）可复制性。符合著作权保护条件的作品，通常都能以其中物质复制形式表现其智力创作成果，例如，手稿、书刊、图画、雕刻、胶片等表现形式。作品能够以某种形式复制是人们能够感知作品的前提，也是对其进行著作权保护的基本条件。

4.著作权的保护对象

一般受著作权法保护的作品类型包括：文学作品包括小说、诗词、散文、论文等以文学形式表现的作品；口述作品包括即兴的演说、授课、法庭辩论等以口头语言形式表现的作品；音乐、戏曲、曲艺、舞蹈、杂技艺术作品；美术、建筑作品；摄影作品；电影作品和以类似摄制电影的方法创作的作品；工程设计图、产品设计图、地图、示意图等图形作品和模型作品；计算机软件；法律、行政法规规定的其他作品。

5.著作权的人身权和财产权

（1）著作人身权。著作人身权又称著作人格权或者作者人格权，指作者基于作品的创作活动依法享有的以人身利益为内容的权利。

1）发表权是作者享有的决定作品是否公之于众的权利，一部文学、艺术、科学作品完成之后，是否向大众展示，公开的时间、地点及地域范围，公开的方式都应当取决于作者的意愿。

2）署名权是作者在其创作的作品及其复制品上标示自己姓名的权利。署名权只能由作品的实际作者和被认定为作者的法人和非法人单位才能享有，除此以外的任何人都无权享有。

3）作品修改权与保护作品完整权。作品修改权是作者对自己的作品进行修改的权利，作品在完成后或发表后，作者均可自行进行修改，也可授权他人修改；保护作品完整权是指作者保护其作品不受歪曲、篡改的权利。

（2）著作财产权。著作财产权是指著作权人依法通过各种方式利用其作品并依法获取经济利益的权利。著作财产权因作品的创作由依法获得著作权的人拥有，也因法律规定的期限届满而消灭，因此著作财产权并不是永久存在的。

著作财产权可以分为复制权、演绎权与传播权三大类。《伯尔尼公约》规定了著作权人可享受的最少八项经济权利及各成员可视具体情况授予作者的"追续"权。八项经济权利包括复制权、公演权、广播权、朗诵权、改编权、录制权和制版权。

（3）著作权的保护期限。我国著作权法规定，著作人身权中的署名权、修改权和保护作品完整权永久受到保护，发表权的保护期与财产权保护期相同。关于著作财产权，如作者为公民，其保护期为作者有生之年加死亡后50年；法人作品的保护期自作品首次发表后50年，合作作品的保护期为作者终生加死亡后50年，从最后死亡的作者的死亡时间起算；作者身份不明的作品保护期为50年，但作者身份一经确定则适用于一般规定。其他特殊作品的保护期为自首次发表后50年。

四、集成电路

世界各国极为重视对集成电路的法律保护，世界知识产权组织的《集成电路知识产权保护条约》、世界贸易组织的《与贸易有关的知识产权协定》都加强了对集成电路布图设计的保护。我国也在2001年4月2日颁布了《集成电路布图设计保护条例》，并于2001年10月1日起实施。

1.集成电路与集成电路布图设计的概念

集成电路是指半导体集成电路，即以半导体材料为基片，将至少有一个是有源元件的两个以上元件和部分或者全部互连线路集成在基片之中或者基片之上，以执行某种电子功能的中间产品或者最终产品。集成电路实质上是一种电子产品，是将晶体管、电阻、电容等其他元器件及其相互的连线固化在固体材料上，从而使其具备某种电子功能的成品或半成品。

集成电路布图设计是制造集成电路产品中非常重要的一个环节，简称布图设计。布图设计是指集成电路中多个元件，其中至少有一个是有源元件和部分或全部集成电路互连的三维配制，或者是指为集成电路的制造而准备的这样的三维配制。布图设计可以以掩模图形的方式存在于掩模板上，也可以以编码的方式存在于计算机中或磁盘、磁带上，在已经制造完毕的集成电路芯片产品中，布图设计是以图形的方式存在于芯片表面和表面下不同深度处。

2.集成电路布图设计的特点

（1）无形性。无形性是各种知识产权客体的共性。集成电路布图设计是以任何方式固定或编码的一系列相关图像，是图形化了的集成电路中各元器件的配制方式，这种配制方式本身是抽象的、无形的，它没有具体的形体，当它附着于一定的载体时就可以通过有形的载体为人们感知。

（2）可复制性。布图设计以图形方式存在于掩模板上，对其全套模板加以翻拍，即可复制出全套的布图设计。

（3）非任意性。集成电路的表现形式具有非任意性，布图设计的表现形式受到一些技术因素的限制。例如，布图设计的形状及大小受到电路参数的限制，布图设计还受到一些物理规律以及半导体材料特性等因素的制约，这样不同的厂商常常采用相同的设计规则，或者用相同的特征线宽来设计集成电路。

（4）实用性。布图设计完全满足实用性的要求。布图设计在集成电路产生过程中是不可或缺的；布图设计本身又与一定的电子功能相联系，布图设计是将电子线路转换为一种图形表现形式，故具备实用性。

3. 集成电路布图设计的保护范围、权力限制与合理使用规定

（1）在《与贸易有关的知识产权协定》中，集成电路布图设计的持有者的权利主要包括复制权、商业利用权和转让许可权。

1）复制权是指布图设计专有权人有权复制或许可他人复制其布图设计的全部或其中一部分，复制的形式包括光学、电子或其他手段。

2）商业利用权是指布图设计专有权人可以授权他人将其受保护的布图设计投入商业利用，布图设计专有权人有权禁止他人未经许可将其受保护的布图设计投入商业利用。

3）转让许可权是指布图设计专有权人授权他人复制、制造及商业利用受保护的布图设计的权利。

（2）有关集成电路布图设计的权利限制与合理使用规定包括权利用尽、反向工程与非自愿许可。

1）权利用尽是指集成电路布图设计所有权人同意销售产品的再销售不侵犯专有权，权利人对一件半导体芯片产品的权利，在该产品首次销售时已经用尽。

2）反向工程在集成电路工业领域是指利用各种特殊手段将集成电路布图设计复制出来，并在此过程中分析布图设计的结构、工程和制造工艺。根据《与贸易有关的知识产权协定》《集成电路知识产权保护条约》第6条第2款的规定，下述行为是合法的：第三者为了私人的目的，或单纯为了评价、分析、研究或者教学目的而使用；第三者在评价或分析受保护的布图设计（拓扑图）的基础上，创作符合原创性规定的布图设计，不视为侵犯第一布图设计权持有人的权利。

3）非自愿许可是指根据《集成电路布图设计保护条例》规定，在国家出现紧急状态或者非常情况时，或者为了公共利益的目的，或者经人民法院、不正当竞争行为监督检查部门依法认定布图设计权利人有不正当竞争行为而需要给予补救时，国务院知识产权行政部门可以给予使用其布图设计的非自愿许可。非自愿许可应规定使用的范围和时间，其范围应当限于为公共目的的非商业性使用。

4. 集成电路布图设计的保护模式和保护期限

世界上对布图设计的保护通常有专利法保护、著作权法保护以及专门立法保护三种保护模式。

通过专利法保护集成电路布图设计在专利新颖性特点方面欠缺，在功能性上布图设计与著作权法中的图形作品有本质上的区别，因此通过专门立法保护集成电路的布图设计可以结合专利法保护和著作权法保护的优点，弥补专利法和著作权法的缺点。

我国《集成电路布图设计保护条例》规定，布图设计专有权的保护期限为10年，自布图设计登记申请之日或者在世界任何地方首次投入商业利用之日起计算，以较前日期为准。然而，无论是否登记或者投入商业利用，布图设计自创作完成之日起15年后不再受本条例保护。

五、计算机软件

（一）计算机软件与计算机程序

人们可以把计算机软件理解为人类的智力成果和人类思维表现的作品，以及解决问题的技术方案，具有研制、开发复杂，复制、改编简单，发展更快、更新、更迅速的技术特点。根据我国《计算机软件条例》（2013年修订）第2条规定，本条例所称计算机软件是指计算机程序及其有关文档。

计算机程序（Computer Program）是指为了得到某种结果而可以由计算机等具有信息处理能力的装置执行的代码化指令序列，或者可以被自动转换成代码化指令序列的符号化指令序列或者符号化语句序列。同一计算机程序的源程序和目标程序为同一作品。

文档是指用来描述程序的内容、组成、设计、功能规格、开发情况、测试结果及使用方法的文字资料和图标等，如程序说明书、流程图、用户手册等。

计算机软件既包括计算机程序，也包括资料结构、流程图等程序描述和操作手册、使用手册等辅助资料。

（二）计算机软件的保护条件

计算机软件作为人类的智力成果，应该受到法律的保护，世界各国都对计算机软件的保护规定了相应的条件。

（1）原创性。其指受保护的软件必须由开发者独立开发、独立设计、独立编制的编码组合。

（2）可感知性。其指受保护的软件须固定在某种有形物体上。有形物体指的是一定的存储介质，如纸片、卡片、磁盘、手册等。仅仅存在于软件开发者头脑中的软件设计思想是不受法律保护的。

（3）可复制性。其指受保护的软件转载到其他的有形物体上。

（三）计算机软件的保护

计算机软件具有无形性、地域性、专有性、时间性和极易复制性等特点，对于软件应从知识产权的不同类型的角度考虑法律性。

1.计算机软件的著作权保护

世界各国目前通过三种情况确定著作权对计算机软件的保护：修订著作权法，在其中增加软件保护条款，例如澳大利亚、日本、英国、法国等国家；颁布单行法规规定，我国在1991年颁布了《计算机软件保护条例》，2013年经过第三次修改颁布了新的保护条例；通过判例加以确定，例如荷兰、瑞士、爱尔兰、泰国等国家。

计算机软件纳入著作权保护有以下优点：著作权的产生比专利的产生容易，更适应软件的发展速度，世界上大多数国家对著作权采取"无手续主义"，著作权随作品的产生而产生；通过著作权保护，软件的国际保护也较易实现，例如，版权的两个著名公约《伯尔尼公约》《世界版权公约》。然而，著作权保护计算机软件也有固有的缺陷：对软件版权的确认只强调其独创性而不强调其新颖性；著作权的确认不需要进行审查，当软件以目标程序进入流通领域后，事实上是处于保密状态，不利于公众对软件的研究和社会科技的发展。

2.计算机软件的专利保护

不同于著作权对软件保护强调的"独创性"，专利保护要符合专利申请的条件，世界各国对专利保护软件都做出了相关规定。美国《专利法》第101条对"可取得专利的发明（inventions Patentable）"作了如下规定："任何人发明或发现任何新颖和实用的方法、机械、制成品或合成物质，或任何上述各项新颖和实用的改进，符合本法规定的条件和要求，均可取得专利"。美国认为一项计算机软件相关发明只要能归入方法、机械、制成品或合成物质中任一种，且具有实用性，就可以属于专利的保护主体。

我国《专利审查指南》以及审查实践总结如下：计算机软件相关发明可以用专利保护；对计算机程序本身不授予专利权；对满足"三要素"的涉及计算机程序的发明授予专利权；涉及计算机程序的解决方案并不必包含对计算机硬件的改变；要求针对通过执行计算机程序所作的控制或处理全过程来判断解决的问题、采用的手段和获得的效果是否具有技术性，从而界定是否构成技术方案。

通过专利来保护计算机软件有以下优点：①赋予专利所有人获得大量资金回报的可能性；②提高研发效率，节省成本，通过专利保护，软件必须公开其内容，方便大众学习、借鉴和使用该专利；③专利保护期较短，更适合软件发展要求。其弊端包括：①获得软件专利比较困难；②由于专利审查的复杂性，专利审查的时间较长而且费用较高；

③软件创新性的审查尚不明确。

 **延伸与拓展** 　　**计算机软件的商业秘密保护和软件承包开发**

　　商业秘密保护是计算机软件发展初期的主要手段,作为商业秘密,必须具备新颖性、商业价值和秘密性三个条件。对计算机实行商业秘密保护的优点在于,这样的保护不仅能保护软件作者的创意表达,而且能保护软件作者的技术方案,且不需要履行任何手续。其缺点是商业秘密保护对公司提出的要求较高,需要投入大量的资金和精力;需要承担大量风险,没有合同关系的第三方通过正当途径(如合法购买、转让等)取得软件后,将软件技术扩散,软件权利人不得对其提出诉讼;如果他人通过自主研发,独立设计出相同或相类似的软件,并对其进行了专利注册,则原软件权利人不仅丧失了商业秘密权利,而且原软件权利人的行为还要受专利法的限制。

　　软件承包开发是指应一个或几个委托人的专门要求,软件开发者开发意向软件产品的活动。开发者与出版商之间,开发者与最终用户之间都可能存在承包开发的合同关系。承包开发与软件著作权在转让性质上是不同的,著作权的转移是财产权的转移,而承包开发是完成了一项工作任务,承包开发事实上是一项劳务合同。

　　开发者的工作内容主要包括以下三个方面:①开发之前进行开发项目的可行性研究和软件需求规格的制定;②根据委托者的要求进行软件开发和调节;③最终用户使用过程中进行支持和维护工作。

　　软件承包开发合同中的一个重要内容是规定开发者应向委托者提供交付清单,包括交付件的验收标准。

　　软件承包开发合同的另一个重要内容是开发出的软件的知识产权归属问题。

　　以软件的著作权为例,根据我国《计算机软件保护条例》(2013年修订)第11条规定:接受他人委托开发的软件,其著作权的归属由委托人与受托人签订书面合同约定;无书面合同或者合同未作明确约定的,其著作权由受托人享有。第13条规定:自然人在法人或其他组织中任职期间所开发的软件有下列情形之一的,该软件著作权由该法人或者其他组织享有,该法人或者其他组织可以对开发软件的自然人进行奖励:①针对本职工作中明确指定的开发目标所开发的软件;②开发的软件是从事本职工作活动所预见的结果或者自然的结果;

③主要使用了法人或者其他组织的资金、专用设备、未公开的专业信息等物质技术条件所开发并由法人或者其他组织承担责任的软件。

案例分析　瑞幸申请"小鹿茶"商标遇阻！商标"撞车"怎么办？

与他人在先商标相同或近似影响商标布局——遇到权利障碍，请求暂缓审理来破局。

"瑞幸"申请"小鹿茶"商标遇阻；"小米"在珠宝首饰类商品上布局"小爱同学"商标失利；"五八"申请"58教培"商标被驳……在上述商标驳回复审案件中，驳回的理由均涉及与他人在先商标构成近似的问题。

众多案例显示，为了突破在先权利障碍，一些申请人尝试运用组合策略，一方面，与在先商标权利人达成共存、转让协议，或对在先商标提出撤销申请、无效宣告请求；另一方面，针对驳回复审决定继续进行一审、二审甚至再审程序，并在诉讼中请求暂缓审理，等待在先商标权利状态的改变或者直接消除在先障碍。尽管如此，实践中依然是几家欢乐几家愁。在商标驳回复审案件中，暂缓审理能否成为申请人畅通商标注册之路的"撒手锏"？申请人又该如何灵活取舍、减少不必要的成本？

商标"撞车"时有发生

"小鹿茶"是瑞幸咖啡（中国）有限公司（下称瑞幸公司）旗下的独立品牌，2019年7月，瑞幸公司发布新品品牌"小鹿茶"，该品牌产品上线后，迅速成为"爆款"。早在产品上线前，瑞幸公司于2019年4月同时在30多个类别上申请了"小鹿茶""瑞幸小鹿茶"商标，但作为核心类别之一的第43类服务却不在其中。

北京市高级人民法院针对第40204017号"小鹿茶"商标引发的驳回复审纠纷案作出二审判决，该商标指定使用在第43类服务上，原申请人为北京瑞吉咖啡科技有限公司，申请注册日为2019年8月7日。2021年1月20日，该商标经核准转让至瑞幸公司。

这件"小鹿茶"商标注册之路并不顺畅，先是2020年3月17日，商标行政机关援引11件在先注册商标，驳回了该商标在部分指定使用服务上的注册申请，在随后展开的驳回复审、一审、二审行政诉讼程序中，瑞幸公司的诉求均未能获得支持。

瑞幸公司在一系列程序中一再主张，上述"小鹿茶"商标经长期使用已具有较大影响力和较高知名度，而且与其建立了一一对应的关系；部分引证商标因驳回注册申请等缘由已不构成在先权利障碍；该公司正在通过受让等方式清除上述"小鹿茶"商标获准注册的在先权利障碍，故请求暂缓审理，但截至该案二审审理时，针对瑞幸公司所称相关在先商标转让程序尚未结束，在先权利障碍依旧存在。

无独有偶，在一起涉及"小爱同学"商标的案件中，小米科技有限责任公司（下称小米公司）也提出了中止审理的诉求。

2017年7月，小米公司发布旗下首款人工智能音箱，其唤醒词便是"小爱同学"。在新品发布前，小米公司提交了"小爱同学"商标的注册申请，2018年6月28日被核准注册使用在扬声器音箱等第9类商品上。此后，多个自然人在多个类别上申请注册了"小爱同学"商标，小米公司这起"小爱同学"商标纠纷案便与以上一位自然人在珠宝首饰等商品上在先注册的"小爱同学"商标有关。

2020年5月28日，小米公司提交了第46746738号"小爱同学"商标的注册申请，指定使用在珠宝首饰等第14类商品上，但因与他人3件在先商标近似而遭驳回。在此后的一审诉讼中，尽管3件在先商标仅剩1件有效，且此件商标已被裁定予以无效宣告，但由于该裁定尚未生效，该在先商标仍为有效注册商标。直到进入二审程序，小米仍未能提交该在先商标效力发生变化的有效证据。

相比瑞幸公司、小米公司，北京五八信息技术有限公司申请注册"58教培"商标被驳，但在二审诉讼阶段幸运地等到了在先权利障碍的消除，进而为这一商标获准注册铺平了道路。

灵活变通化解难题

"在涉及相对理由的驳回复审案件中，很多时候商标近似和商品、服务类似的争议并不大，所以依靠对在先商标提出撤销与异议申请、无效宣告请求，或者通过致使在先商标处于变更、转让、续展等程序中来克服在先权利障碍的情况比较普遍，实践中关于'暂缓'话题的应用也更为企业所关注。"北京集佳知识产权代理有限公司合伙人、商标代理人李兵介绍，从目前的实践来看，商标行政机关在商标注册申请的实质审查中，有时会以加入审查意见书的方式，请申请人决定是否请求暂缓审理。

记者了解到，国家知识产权局于2021年发布的《商标审查审理指南》第十九章列明了启动审查意见书这一程序的18种具体情形，其中明确对审查决定有重大影响的在先商标处于变更、转让或申请人名义更正程序中，但变更、转让或更正决定在该商标注册申请的法定审查周期内无法作出的，可以发审查意见书告知申请人可以依法提交请求暂缓审查的书面申请。

"将暂缓这一环节前置到注册申请的实质审查阶段，在很大程度上可以避免后续程序的发生，促进争议的实质解决，起到节约行政审查资源和申请人获权成本的效果。"李兵表示。

"正如《商标审查审理指南》所规定，审查意见书不是商标注册审查的必经程序，仅在案情复杂，确有必要时启动。申请人提出的暂缓或中止审理的请求，不一定能得到商标行政机关或法院的支持。"北京德和衡律师事务所律师王文俊介绍，是否暂缓审理，商标行政部门和法院一般会考虑中止事由的确定性及所需时间长短等因素，如果等待事由确定且等候时间不长，实践中一般倾向于支持中止审理。

"如果申请人已经通过诸多程序，耗费很多资源为清除在先权利障碍而努力，再考虑通常驳回决定中援引的在先商标并非穷尽，重新申请注册会面临较大风险，同时企业在可接受诉讼成本的前提下，建议企业继续走后续程序，直到消除在先权利障碍。而针对申请商标本身具有较强显著性，再次对申请商标近似性进行检索发现重新申请注册的风险较小，而且对后续诉讼成本压力较大的申请人，则不建议继续等待在先商标状态的改变。"李兵表示。

王文俊建议，企业要灵活变通，可以通过交换交易等方式解决问题，有时坚持通过程序解决，成本可能更高。如"小鹿茶"商标案，既然已经达成转让意向，则可以通过注销在先商标的方式来解决，节约时间和金钱成本，消除在先权利障碍。

资料来源：中国知识产权报 中国知识产权资讯网 http://www.iprchn.com/cipnews/news_content.aspx?newsId=133717.

阅读思考

以上商标案例对你的创新创业有什么启示？

任务三 知识产权创新成果转化应用与知识产权资本化

一、知识产权创新成果转化

知识产权创新成果转化是将具有创新性的成果转移到生产部门,使新产品产量增加、工艺改进、效益提高,最终促进经济发展和社会进步。它一般是指知识产权人通过自己使用、许可使用、转让和特许经营等方式行使知识产权的财产权利,实现知识产权的经济价值。

知识产权创新成果转化的途径有以下几种。

1. 自主创业

自主创业也称创新主体企业化,是指个人、高校、科研院所、企业等创业者的创新成果在其内部进行的一种成果转化模式。其特点是知识产权创新成果的成果源与吸收体融为一体,将市场交易内部化,消除了中间环节,转化交易成本低,转化率高。

2. 使用许可

知识产权创新成果的许可使用,是指知识产权人授权他人在一定时期和范围内,以一定的方式行使创新成果的使用权并获得相应报酬的行为。我国现行的《专利法》《商标法》《著作权法》都有专门的章节和条款对许可使用进行规定,例如,《专利法》规定了"专利实施许可",《商标法》规定了"商标使用许可合同",《著作权法》规定了"著作权许可使用和转让"。

我国创新成果知识产权许可有"实施许可"和"使用许可"两种,其本质是一样的,都是权利人把知识产权的一项或多项权利内容许可他人行使,《专利法》将专利权人的权利归纳为"实施专利"的权利,《商标法》和《著作权法》将权利人的权利分别归纳为"注册商标专用权"和"使用作品"权利。

3. 产权转让

创新成果的转让是指知识产权出让主体与知识产权受让主体,根据与知识产权转让有关的法律法规和双方签订的转让合同,将知识产权权利由出让方转让给受让方的行为。对创新成果的知识产权转让,我国现行的《专利法》《商标法》《著作权法》都有专门的条款和章节加以规定。《专利法》规定了"专利权和专利申请权的转让",《商标法》规定了"注册商标的使用许可合同",《著作权法》规定了"著作权许可使用和转让合同"。

 **案例分析**　　**天津成立磁悬浮技术创新联盟加快成果共享转化**

2018年1月31日,天津市磁悬浮技术创新联盟大会正式召开。该联盟成立后,将共同研发产业关键技术和共性技术、提供设计和检测服务、促进科技成果转化和产业化、提供人才培训、开展交流活动等。

天津市磁悬浮技术创新联盟是由天津飞旋科技有限公司发起成立,受天津市科技委员会监督指导,是天津市科委认定的领军企业产学研用创新联盟。

天津飞旋科技有限公司是一家专业从事磁悬浮高速旋转机械研发和推广的高新技术企业。公司成立于2006年,拥有磁悬浮轴承、高速永磁电机、高速变频、流体机械四大核心技术自主知识产权,并具备跨行业应用能力。

天津飞旋科技有限公司的科研技术人员占公司全体员工的40%以上,其中清华大学毕业生10人,他们历时10余年实践,攻克多项技术难题,打破了国外的技术垄断,掌握了磁悬浮旋转机械的核心技术知识产权。公司拥有各类核心专利数百项,核心技术研发与国际前沿保持同步。

天津市磁悬浮技术创新联盟目前聚集了天津飞旋科技有限公司、亿昇科技(天津)有限公司、清华大学天津高端装备研究院、天津大学、航天环境工程有限公司等43家成员单位。该联盟旨在建设以国家政策和市场需求为导向、以天津市磁悬浮技术应用领军企业为主体、打造"产学研用"相结合的创新平台,整合行业产业科技资源,组织行业瓶颈技术创新攻关,加快研究成果共享与转化,优化天津市磁悬浮技术应用产业链,推动天津市磁悬浮技术应用产业整体升级壮大。

资料来源：北方网　2018-02-01　http://news.enorth.com.cn/system/2018/01/31/034975460.shtml

阅读思考

知识产权创新成果转化的意义和方法?

二、知识产权资本化

（一）知识产权资本化的内容

狭义上说，知识产权资本化亦称知识产权投资，是指将现有知识产权的价值和使用价值折算成股份或出资比例，使之成为资本，用以提升单位核心竞争力并以此获取经济收益。也可以理解成知识产权资本化就是将知识产权作为一种出资方式，以其可能实现的价值和使用价值折算成一定股份或出资比例，与其他资本一起参与公司经营，并参与收益分配的一种投资方式。

广义上说，知识产权投资包括知识产权融资和知识产权运营两部分。知识产权融资是指以融资为目的的知识产权投资，包括知识产权质押、知识产权信托、知识产权证券化等；知识产权运营分为投资知识产权和知识产权投资两部分。投资知识产权是指以知识产权为投资对象，表现为知识产权投资过程中的成本性投资，即知识产权获取前的科技研发投资、知识产权获取过程中的投资；知识产权投资则是指以知识产权为投资工具，是在知识产权获取之后，主要以获益为目的，进行知识产权的产业化、商业化、市场化运作，如知识产权许可、转让、入股投资及维护投资等。

（二）知识产权融资

1.知识产权质押

知识产权质押是权利质押的一种形式。权利质押指以特定权利作为担保物的质押形式，该特定权利只能是具有交换价值的财产权。我国新的《中华人民共和国民法典》第四百四十条第五点规定：可以转让的注册商标专用权、专利权、著作权等知识产权中的财产权。

所谓知识产权质押，是指权利人以可转让的知识产权向银行抵押，据此从银行取得所需贷款，从而用于知识产权继续开发、其他知识产权开发、知识产权市场化等融资行为。

知识产权质押的特点：知识产权质押本质上是一种抵押；知识产权质押是科技创新型企业进行融资的有效渠道；知识产权质押具有担保价值与融资价值；知识产权价值不易确定，质押风险难预测。

2.知识产权信托

信托制度已运用于各式各样的财产管理制度中。知识产权本身具有保护成本高和市场转化难两个显著特点，信托制度的引入，为降低知识产权保护成本，解决知识产权市场化、产业化提供了有益的途径。

2001年始,《中华人民共和国信托法》(以下简称《信托法》)和《信托投资公司管理办法》规定信托的业务范围包括:受托经营动产、不动产及其他财产的信托业务,即委托人将自己的动产、不动产及知识产权等财产、财产权、委托信托投资公司按照约定的条件和目的,进行管理、运用和处分。

知识产权信托是指知识产权权利人基于对受托人的信任,将其知识产权委托受托人,由受托人按委托人的意思,以自己的名义为受益人的利益或者特定的目的进行管理或者处分知识产权的行为。在知识产权信托中,以知识产权为载体,构成包括知识产权权利人(委托人)、信托投资公司(受托人)、知识产权受益人这样的基本关系。知识产权之所以可以作为信托的对象,是因为它满足信托财产所需要的三个方面的基本要求:财产性、流通性、确定性。

知识产权信托的特点:知识产权具有相对独立性,在某种程度上降低了权利人风险;并非所有的知识产权都适合信托,专利权、商标权、著作权由于没有保密的限制,均可成为信托财产,而商业秘密不适合成为信托财产;对信托投资公司的从业资格有特别的要求,知识产权信托是专业性、技术性极强的一项业务,相应地,对受托人的要求也很高,在具备知识产权专业知识及法律资格的双重前提下,受托人要发挥其娴熟的市场操作能力和金融能力,以保证在复杂多变的市场环境中实现知识产权的最佳运营。

3.知识产权证券化

知识产权证券化是指知识产权权利人将能产生现金流量的知识产权及其衍生的特许使用权作为基础资产,利用证券化的组织与结构,通过发行证券以融资的过程。发起人将能够产生可预见的稳定现金流的知识产权,借助专门性机构,通过一定的结构安排,对基础资产中风险与收益要素进行分离与重组,进而转化成为在金融市场上可以出售的流通证券的过程。具体方法为:由拥有知识产权资产的所有人作为发起人,以知识产权未来可产生的现金流量(包括预期的知识产权许可费和已签署许可合同中保证支付的使用费)作为基础资产,转移给一个特殊目的机构,由其通过一定的结构安排,对其中风险与收益要素进行分离与重组,并进行必要的信用增级后,予以证券发行融资。对于发起人来说,可以在不改变结构,保留对知识产权所有权的情况下将知识产权资产的未来收益提前实现,为解决知识产权融资问题提供了一种新途径。

知识产权证券化流程图如图5-1所示。

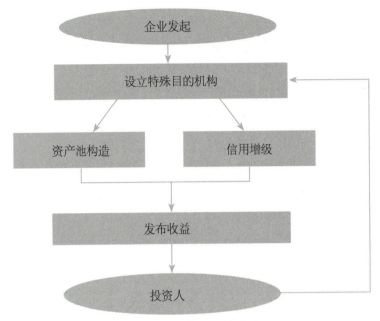

图5-1 知识产权证券化流程

知识产权证券化有下述特点：①融资杠杆作用，从而降低了融资成本；②实施的难度较小；③在解决发起人资金问题的同时，不影响企业知识产权的权属；④融资风险小；⑤知识产权的类型不同，各行业的知识产权证券化表现也不同。例如，音乐产权的证券化对象比较多样，但多数以版权为支持财产，也有一些以录音母版为支持财产。电影行业是知识产权证券化最大的市场，电影行业的证券化常常以未来资产为基础，即以尚未拍好的片子的未来发行收入为基础发行债券。

 **中国企业海外并购**

近年来，中国企业海外并购持续升温，从资金投入上看，欧洲毫无疑问已经成为一个重点。自2011年以来，中国企业在欧洲的并购案每年都在递增，这些并购实际看重的是欧洲企业的知识产权、专利、品牌及销售渠道。例如，山东重工集团有限公司成功并购意大利法拉帝公司，看重的就是法拉帝公司拥有的数百件专利和8个品牌的使用权。乐普医疗器械有限公司并购荷兰可迈迪公司70%股权，浙江卧龙控股集团有限公司完成了对欧洲三大电机制造之一的奥地利ATB集团97.94%股权的收购兼并，大连橡胶塑料机械股份有限公司并购欧洲龙头橡胶机械企业捷克巴泽罗克公司，等等。这些案例无不是以获得专利许

可或品牌使用权来实现共赢的。我国的混凝土机械企业——湖南三一重工集团斥资3.24亿欧元收购了德国著名工程机械公司普茨迈斯特90%的股权，收购目的在于获得代表顶尖技术的德国制造"大象"品牌，以及普茨迈斯特在中国以外的全球销售网络。

资料来源：法律快车　2019-05-06

https://www.lawtime.cn/info/zscq/gnzscqdt/201201301274O5.html

阅读思考

企业海外并购知识产权投资战略对我们进行海外布局提供了什么思路？

项目六　创业营销管理

学习目标

1.什么是营销学？创业营销策略包括哪些？
2.如何进行市场细分和市场定位？如何进行营销方案的设计？

任务一　创业营销管理及策略

案例分享　　　　　**虎头局：一家为年轻人而生的糕点**

　　虎头局渣打饼（下称虎头局）于2019年在长沙开出首店，是一家将中式烘焙年轻化、零食化的品牌，主打产品包括提子Q麻薯、奶油泡芙、手工桃酥、鲜花饼等。

　　虎头局的创始人胡亭曾在国内互联网蛋糕品牌廿一客（21Cake）任职，积累了产品、电商运营、品牌、区域市场和研发管理等方面的经验，随后加入一个西式烘焙连锁创业团队，从0到1地经历了产品体系、中央厨房、供应链和组织管理的打造过程。也是在这段创业经历中，胡亭开始关注到中式点心的代表品牌及门店，并在对供应链效率、增效、客单价、对应客群的比较中，发现了中式烘焙的新机遇。

　　之所以做中式烘焙，是因为尚未有品牌对中式点心做年轻化调研与改造，并结合当下的流量传播与扩散方式，使之变成一个可社交化和零食化、具有高频及高传播度特征的新式烘焙。

为了更好地使中式糕点年轻化，胡亭给产品的定位是要做给年轻人和年轻家庭的、最优质的日常新鲜烘焙。落到日常这个词语上，首先决定了它是一个亲民的价格，其次要覆盖一个广度的消费市场。

除此以外，他们还有一个公司内部的基础空间团队，同时设计项目管理的项目经理也对接了多个区域的设计供应商。现在的年轻人除了"中国自信"，其实有很多区域已经出现"城市自信"了。所以在产品研发、视觉研发和空间设计上，虎头局都倾向于用一些优秀的区域团队。

目前，新中式烘焙品牌虎头局完成A轮融资，融资由纪源资本和老虎环球基金（Tiger Global）联合领投，老股东红杉中国、天使投资人宋欢平跟投，光源资本担任独家财务顾问。之后，虎头局将进一步完善门店布局，提升产品研发能力。

资料来源：华夏时报 2021-07-14 https://baijiahao.baidu.com/s?id=1705243526442628230&wfr=spider&for=pc

启发思考

（1）为何虎头局能够拿到A轮融资？
（2）虎头局创业成功的原因是什么？

一、创业营销概述

（一）创业营销的含义

当前，被学术界广为接受的关于创业营销的定义是："通过创新的途径，进行风险控制，资源利用，以及价值创造，从而进一步识别和利用哪些能够获取和留住有利可图的客户的机会。"

创业营销构成要素包括创业机会识别、初始顾客寻找、资源整合和利用价值的传播等4种。

如今，对于大多数年轻的创业者来说，既缺乏资金和社会关系，又缺乏商业经验，所拥有的只是创业激情和对某种新产品的原始构思或对某种新技术的初步设想。要想创业成功，除了勇气、勤奋和毅力以外，还必须依赖于有效的创业营销来获得创业所需的各种资源。

创业营销涵盖了创业学和市场营销学的很多元素，传统营销对于诸如宝洁、联合利华等已经确立了市场地位的大公司而言是行之有效的。这些大公司拥有足够的预算、成熟的团队、宏大的产品推介、健全的分销渠道。相较之下，创业营销是一种新的营销思想和营销精神，它回避了传统营销的许多规则，采用新颖的、非常规的营销策略来帮助创业公司在激烈的市场竞争中站稳脚跟。通常情况下，创业公司只有很少的营销人员，或仅有创业者本身，对其来说需要想方设法将有限的资源效用最大化。

【想一想】

小杨与小张是大学同学，毕业后一起开了一家麻辣烫店，地点位于南京江宁大学城。开店一个月后，发现生意没什么起色，两人非常焦虑，眼见要关门。某天晚上，小杨和自己大学时期的创业课老师聊起此事。老师问及情况，这才发现原来两人没有营销意识，到了江宁只是进行了开店庆祝仪式，周围的学生对该店的了解不多，加之麻辣烫的口味与周围店铺并无明显区别，价格优势不明显，才使得店铺经营惨淡。

后期，小杨与伙伴结合老师的建议，调研市场，了解学生需求，制定了营销策略，一个月后，果真生意有了起色。小杨和小张非常开心，打算后期再开家分店。

请问：你是如何看待小杨和小张的经历的？他们的经历给了你什么启示？

【探索活动】　　　　为麻辣烫店铺开业设计宣传海报

活动目的：

通过海报设计，培养大学生创业营销的技能。

活动流程：

（1）准备一张A4纸。

（2）分小组讨论海报宣传目的、海报表现形式和海报布局等。

（3）假设，你想收到一张海报，你想收到一张什么样的海报，请各小组派代表阐述？

（4）以此活动为背景，写一篇关于海报营销的感想。

（二）创业营销的主要阶段

成功的创业营销一般需要经历4个阶段：创意营销阶段、商业计划营销阶段、产品潜力营销阶段和企业潜力营销阶段。

1.创意营销阶段

创业企业家萌发的创业构想，必须将其转变为一个清晰的概念或开发出产品原型，才能与他人沟通。在以上步骤完成之后，就需要寻找志同道合者组成创业团队。因为单靠个人很难精通创业过程中所需要的全部技能，也不一定拥有创业所需的关键资源，优秀的创业团队是成功创业的关键因素。好的创意本身就是一种营销。

2. 商业计划营销阶段

营销团队形成之后，就要着手撰写商业计划了。成功的商业计划除了需要有概念创新以外，重要的是进行现实的、严谨的市场调研和分析。这一阶段，表面上营销是创业企业的商业计划，实际也是对新产品和创业团队的全面检验。好的商业计划可以起到重要的营销作用。

3. 产品潜力营销阶段

在新产品被开发出来后，创业企业需要大量投资，进行产品的批量生产和大规模销售。但初创企业一般难以获得银行贷款或供应商支持，且缺乏丰富的商业关系和经验，因此需要再次从外部投资者那里获得支持。故为了获得投资，则需要尽可能通过营销手段让投资者发现产品潜力。

4. 企业潜力营销阶段

在多数情况下，新产品上市并不可以迅速盈利，但产品和企业的市场前景已经相当明朗。此时，创业企业可以寻求公开上市，以获得快速扩张所急需的资金。公开上市可以打通创业企业从资本市场获取资金的渠道，它是创业阶段的结束，也是规范经营阶段的开始。在寻求公开上市阶段，创业企业需要进一步向市场证明企业自身的优势，来寻求市值的提高，让市场对企业发展有个比较好的预估。

（三）创业营销的过程

一个成熟的企业，往往拥有一个专业化的营销职能部门。

初创企业由于所处阶段不同，拥有的资源较为匮乏，营销队伍的搭建不尽完善。例如，很多营销活动都由创业者或创业团队完成，为了降低企业的经营风险，因此要更加注重创业营销的整个过程，积极整合创业过程的各要素，提升创业营销的力度和效力。

创业营销过程如图6-1所示。

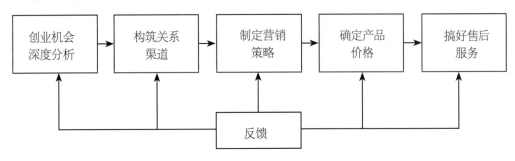

图6-1 创业营销过程

1.创业机会深度分析

创业机会深度分析是对初创企业机会特征的分析。创业机会的分析主要包含两方面。一方面是市场层面，创业者需要分析企业如何进一步定位细分市场，从广阔的行业市场中寻找最合适的消费者群体；另一方面是产品层面，创业者需要从满足需求的角度去认识产品，考虑最合适的产品定位，提高产品的市场竞争力。

2.构筑关系渠道

构筑关系是以人脉关系为核心。良好的关系可以带来充裕的资金、技术、管理、信息、人才等各种要素，形成良性的关系网。关系渠道的构建能有效将营销策划和营销执行联系起来，对于初创企业的营销扩展至关重要。

3.制定营销策略

通过创业机会，可深度分析、构筑关系渠道，选定目标市场，在确定市场定位后，再制定一个营销方案，实施具体的营销策略。

在创业营销实践过程中，初创企业要使产品得到消费者认可，仅靠一种营销手段是不够的，需要有效的营销组合策略，包括产品创造价值、价格体现价值、渠道交付价值和促销宣传价值。因此，还需要将企业的各要素整合，相互配合，才能发挥最佳效用。

4.确定产品价格

合理的价格可以推动新产品的市场导入工作，在定价阶段，创业者需要综合各方面因素，为产品确定合理的价格。

创业者要考虑企业定价目标。不同的定价目标影响企业产品价格方法的选择与制定。此外，创业者还要考虑市场需求结构、产品成本等因素，以此来确定产品价格。

5.搞好售后服务

服务质量决定营销质量，故应将服务作为创业营销组合的重要内容，严格落实，让顾客满意，根据顾客反馈，适时调整，以促进销售量的增加，满足顾客需求。

案例分析　　本土第一大防晒服饰品牌冲刺港交所

据IPO早知道消息，蕉下控股有限公司（以下简称"蕉下"）于2022年4月8日正式向港交所递交招股说明书，拟主板挂牌上市，中金公司和摩根士丹利担任联席保荐人，华兴资本担任独家财务顾问。

蕉下业务始于2013年，于当年推出首款防晒产品双层小黑伞并在天猫旗舰店进行销售；2016年，蕉下在上海开设首家品牌直营门店；2017年起，蕉下将防晒产品从伞逐步向袖套、帽子、防晒服、口罩等其他品类延伸；2021年，蕉下进一步将产品品类扩展至帆布鞋、马丁靴、保暖服装与配饰等其他非防晒户外产品市场。其中，2021年蕉下的非防晒产品收入增长超过五倍，占比则增至20.6%。

根据灼识咨询的报告，按2021年总零售额计算，蕉下是中国第一大防晒服饰品牌；同时，在全年零售额超10亿元的中国鞋服行业新兴品牌中，按2021年零售额计算，蕉下位居第一，且2021年的零售额增速最快。

值得一提的是，作为一个新消费品牌，蕉下基于自身较强的盈利能力，在成立至今的9年时间里较少对外融资，仅在创办初期的2015年获得红杉中国的投资，并在首次公开募股（IPO）前期的2021年和2022年先后引入蜂巧资本和华兴资本。IPO前，红杉中国持有蕉下19.37%的股份，蜂巧资本和华兴资本分别持股6.96%和1.54%；红杉中国合伙人郑庆生和蜂巧资本创始合伙人常欣担任蕉下非执行董事。

蕉下在招股书中表示，IPO募集资金净额将主要用于加强产品开发和增强研发能力；提高品牌知名度和认知度，以及品牌识别度；加强全渠道销售和分销网络；提升供应链管理；提高数字化运营能力；通过战略联盟、收购和投资促进业务增长；以及用作营运资金和一般公司用途。

定位城市户外品牌　22款精选单品年销售额超3 000万元

从发展历程来看，在蕉下的起步阶段，其主打的"双层小黑伞"主要以满足年轻女性消费者对户外防晒的需求；奠定了在中国防晒服饰的地位后，蕉下开始面向更广泛的年龄群，并将防晒作为探索城市户外生活方式的起点，进一步拓展至鞋服市场。

目前，蕉下的产品组合主要涵盖服装、伞具、帽子、其他配饰和鞋履，满足消费者在城市生活、休闲运动、旅行度假、踏青远足、精致露营等不同户外场景及几乎全民可参与的非竞技类运动和户外活动中的功能需求，包括防晒、凉感、干爽、保暖、防水、轻便，以及运动防护等。

于招股书披露的业绩期间，蕉下共有22款精选单品各自的年销售额超3 000万元，其中包括2017年或之前推出的3款防晒精选单品（即双层小黑伞、口袋系列伞以及胶囊系列伞）；另外19款精选单品则于2019年至2021年推出，其中5款精选单品于2021年推出，即昼望系列墨镜、随身系列扁伞、街旅系列厚底帆布鞋、畅型系列打底裤以及丘郊系列轻型马丁靴。

以此来看，蕉下在防晒和非防晒场景下均有较强的持续推出精选单品创新能力。

在产品开发上，蕉下采取"开发精选单品"的策略，即通过不断识别未满足消费者需求的城市户外场景，战略性地开发具有先进优化功能的精选单品。这样的产品开发方式亦可在一定程度上帮助蕉下实现高效供应链管理的资源配置和规模化采购的经济效益，从而降低成本——2019年至2021年，蕉下的销货成本在收入的占比下降9个百分点；存货平均周转天数则由110天降低至62天，毛利率则不断提升，2021年蕉下的毛利率为59.1%。

蕉下在招股书中表示，其亦颇为注重将客户反馈融入产品开发流程之中，以准确识别并解决消费者不断演变的痛点，即客户的意见反映在产品开发的每一个环节，包括市场调研阶段收集的意见、投诉和推荐建议，试销阶段回收的建议和评估，以及升级迭代阶段监测到的持续反馈和质量跟踪。此外，蕉下也通过数据分析指导产品开发和更新迭代。

截至最后实际可行日期，蕉下在中国拥有123项专利，正申请72项专利；蕉下设计团队的平均年龄约28岁，技术团队的平均相关从业年限约8年。换言之，设计团队对年轻消费者的洞察力，以及技术团队的多元专业背景和跨界合作研发使得蕉下更易满足消费者的需求。

线下零售门店覆盖23座城市　三年净利润复合年增长162.6%

在运营模式上，蕉下主打"内容营销"和"DTC（Direct To Consumer，直接面向消费者的业务模式）驱动的全渠道销售"模式。

对于线上营销，蕉下的营销体系由直播、测评和软文等形式组成，营销矩阵则由天猫、抖音、微信、微博、小红书等线上平台构建。此外，蕉下在线上店铺精心设计产品展示页面，驱动购买意愿并鼓励购买。另外，线下零售门店作为其品牌价值输出的重要渠道，进一步反哺线上营销。

根据灼识咨询于2021年11月进行的消费者调研，蕉下约70%的客户在购买后通过社交媒体或口口相传向朋友和家人推荐了蕉下产品和品牌，这样的口碑宣传在一定程度上在使得内容营销更加多元化的同时，亦可增强消费者的付费意愿和用户黏性。

反映在运营数据上，作为主要销售渠道之一的天猫旗舰店的期内付费客户总数于2019年至2021年分别约为100万人、300万人和750万人；同期天猫旗舰店的复购率分别为18.2%、32.9%和46.5%。2021年天猫旗舰店29.4%的客户购买两款或以上单品，实现在不同产品和品类之间的交叉销售。

在线下渠道建设方面，蕉下的线下零售门店数已从截至2019年12月31日覆盖15个城市的39家增至截至2021年12月31日覆盖23个城市的66家，并且与国内多个知名的连锁商超、便利店、百货商店建立合作。

2019年至2021年，蕉下的营业收入分别为3.85亿元、7.94亿元和24.07亿元，复合年增长率为150.1%。其中，2021年的营业收入同比增速为203.1%。

从品类来看，蕉下非防晒类产品的收入在2019年至2021年分别为0.03亿元、0.76亿元和4.96亿元，其中2021年同比增长超过5倍，这3年的收入贡献率则分别为0.7%、9.6%和20.6%。

更具体来看，伞具过去3年在总营业收入的占比大幅降低，2019年至2021年的收入占比分别为86.9%、46.5%和20.8%；相较之下，服装在这3年中的收入占比分别为0.8%、17.5%和29.5%，现已成为蕉下营业收入贡献最大的品类，而以鞋履为主的其他产品的收入占比亦在2021年提升至5.6%。

从渠道划分来看，2019年至2021年，蕉下线上店铺和电商平台产生的收入分别为2.86亿元、6.18亿元和19.47亿元，复合年增长率为160.9%；通过零售门店及其他（主要包括向拥有成熟零售网络的大客户销售）产生的收入则分别为0.31亿元、0.32亿元和0.66亿元，复合年增长率为45.2%。

2019—2021年，蕉下的经调整净利润分别为0.20亿元、0.39亿元和1.36亿元，复合年增长率为162.6%。值得注意的一点是，招股书中披露2021年蕉下亏损54.72亿元，在当年财务报表中计提可转换可赎回优先股公允价值变动55.95亿元，扣除这一因素影响，蕉下在业绩期间内一直处于盈利状态且盈利能力在不断提高。

根据灼识咨询的报告，2021年中国已成为全球最大的鞋服市场，零售额为3万亿元，并预期到2026年进一步增至4.2万亿元。在所有风格细分市场中，休闲和运动鞋服为两大细分市场，预期增速高于行业平均水平——2021年两者的市场规模分别为1.1万亿元和2 900亿元，预计2021—2026年将分别按9.3%和10.7%的复合年增长率增长，远超同期整个行业6.8%的增长率。

随着具备休闲、社交属性的非竞技类运动和户外活动日益受到欢迎，对于已在消费者中建立起广泛品牌认可的蕉下而言，其或将在增长空间巨大的户外鞋服市场占据更多的市场份额，进而推动业绩的快速提升。

资料来源：STONE JIN 中服网 IPO早知道

阅读思考

蕉下本土防晒品牌如何经过销售战略赢得市场冲击IPO？

任务二 营销管理策略

星巴克的成功故事

霍华德·舒尔茨（Howard Schultz）在20世纪80年代初访问意大利时，对意式咖啡（espresso）酒吧留下了深刻印象。回到西雅图后，他脑海中已经有了一个营销创意，最后他将星巴克培育成了价值50亿美元的企业。

任星巴克董事会主席的舒尔茨发现了一个将"咖啡馆文化"带到美国市场的机会，即在休闲的咖啡馆氛围中提供现场制作的美味咖啡，喜爱喝咖啡的人们对此反应热烈，仅用20年的时间，星巴克就从1家店铺扩张到遍布35个国家的近9 000家店铺。

在这些年中，星巴克推出了为顾客创造和传递价值的大量新产品和服务，有的是与拥有专门技术的其他企业携手推出的。例如，香甜冰滑的星冰乐（Frappuccino）在星巴克咖啡店里受到热烈欢迎，星巴克因此与百事可乐联手，将这种饮料装瓶在超市出售。星巴克还与占边公司（Jim Beam）合作，开发并推广星巴克咖啡酒。为了方便顾客，营销者想到了印制星巴克卡这个点子，让顾客能够更便捷地购买拿铁或者意式咖啡。星巴克还收购了泰舒茶（TazoTea），使顾客能够有更丰富的饮品选择。

资料来源：百度文库 https://wenku.baidu.com/view/9454c73c68d97f19227916888486

阅读思考

通过该案例，你认为星巴克成功的原因是什么？

一、4Ps营销理论

4Ps营销组合理论是美国哈佛大学教授尼尔·恩·鲍勃于1964年首先提出来的。同年，美国伊·杰罗姆·麦卡锡教授将其简化概括出便于记忆的4Ps理论，即产品（Product）、价格（Price）、渠道（Place）和促销（Promotion）四大类。4Ps营销理论为企业营销指出了实际具体要素，具有实际操作性，企业的营销活动都离不开这些要素的组成,具有很强的实用性和针对性。

4Ps营销理论(The Marketing Theory of 4Ps)产生于20世纪60年代的美国,随着营销组合理论的提出而出现。1953年,尼尔·博登在美国市场营销学会的就职演说中创造了"市场营销组合"(Marketingmix)这一术语,其意是指市场需求或多或少的在某种程度上受到所谓"营销变量"或"营销要素"的影响。1967年,菲利普·科特勒在其畅销书《营销管理:分析、规划与控制》(第1版)进一步确认了以4Ps为核心的营销组合方法,即著名的4Ps。

4Ps在动态的市场营销环境中,四个因素相互依存,地位相同,具体运用到企业的实践中,需要互相结合形成统一的营销整体才有意义。同时需要注意,这四个变量是需要围绕消费这一需求才统一成一个整体的,脱离了客户需求,一切都失去了意义。

4Ps的提出奠定了管理营销的基础理论框架。该理论以单个企业作为分析单位,认为影响企业营销活动效果的因素有两种:可控因素和不可控因素。可控因素一般指的是内部环境中的"产品、价格、分销、促销",不可控因素一般指的是外部环境中的"社会、人口、技术、经济、环境/自然、政治、法律、道德、地理。"企业营销活动的实质是一个利用内部可控因素适应外部环境的过程,即通过对产品、价格、分销、促销的计划和实施,对外部不可控因素做出积极动态的反应,从而促成交易的实现和满足个人与组织的目标。用科特勒的话说就是"如果公司生产出适当的产品,定出适当的价格,利用适当的分销渠道,并辅之以适当的促销活动,那么该公司就会获得成功"。所以市场营销活动的核心就在于制定并实施有效的市场营销组合。

4Ps理论由于其简单易操作,很快就成为营销界普遍接受的一个营销组合模型,其影响至今未衰。甚至后来还一度出现了6Ps和12Ps理论,6Ps在4Ps的基础上增加了"人"(People)、"包装"(Package);后来菲利普·科特勒等学者又相继增加了公共关系(Public Relations)、政治(Politics)等营销变量,即所谓的12Ps理论。

12Ps理论除传统要素外,还包括:人(People)、包装(Package)、公共关系(Publications)、政治(Politics)、研究(Probing)、划分(Partitioning)、优先(Prioritizing)、定位(Positioning)等要素。

虽然12Ps理论在8P的基础上增加了战略计划中的4P过程;但是,4Ps作为营销基础工具,依然发挥着非常重要的作用。

尽管营销组合概念和4Ps观点被迅速和广泛地传播开来,但同时在有些方

面也受到了一些营销学者,特别是欧洲学派的批评。这主要有以下几点:

(1)营销要素只适合于微观问题。因为它只从交易的一方(卖方)来考虑问题,执着于营销者对消费者做什么,而不是从顾客或整个社会利益来考虑,这实际上仍是生产导向观念的反映,而没有体现市场导向或顾客导向,而且它的重点是短期的和纯交易性的。

(2)4Ps主要关注的是生产和仅仅代表商业交换一部分的迅速流转的消费品的销售。消费品生产者的顾客关系大多是与零售商和批发商的工业型关系,消费品零售商越来越把自己看成是服务的提供者。在这种情况下,4Ps在消费品领域的作用要受到限制。

(3)市场营销组合和4Ps理论缺乏牢固的理论基础。格隆罗斯认为,作为一种最基本的市场营销理论,在很大程度上是从实践经验中提炼出来的,在其发展过程中很可能受到微观经济学理论的影响,特别是受20世纪30年代垄断理论的影响。然而,与微观经济学的联系很快被切断了,甚至完全被人们忘记。

针对这些批评,后来的学者们又在不断地将4Ps模型进行充实,在每一个营销组合因素中又增加了许多子因素,从而分别形成产品组合、定价组合、分销组合、沟通和促销组合,这四个方面每一种因素的变化,都会要求其他因素响应变化,这样就形成了营销组合体系。

至今为止,4Ps理论模型仍然是营销决策实践中一个非常有效的指导理论。

二、4Cs营销理论

随着市场竞争日趋激烈,媒介传播速度越来越快,以4Ps理论来指导企业营销实践已经"过时",4Ps理论的实用性越来越受到挑战。面对雷同的市场调查结果,产品性能、价格、销售通路的形式很容易遭到竞争对手模仿,在同一销售网点,同行的同类产品挤上了同一货架。营销中的售前、售中、售后服务更是如出一辙,消费者很难从中分出优劣。

1990年,美国学者罗伯特·劳特朋(R.F.Lauterborn)提出了4Cs理论,向4Ps理论发起挑战,他认为在营销时,需持有的理念应是"请注意消费者"而不是传统的"消费者请注意"。

4Cs营销理论(The Marketing Theory of 4Cs),也称"4C营销理论"。它以消费者需求为导向,重新设定了市场营销组合的四个基本要素,即消费者(Customer)、成本(Cost)、便利(Convenience)和沟通(Communication)。它强调企业首先应该把追求顾客满意放在第一位,其次是努力降低顾客的购买成本,然后要充分注意到顾客购买过程中的便利性,而不是从企业的角度来决定销售渠道策略,最后还应以消费者为中心实施有效的营销沟通。

延伸与拓展

  4Cs营销理论从其出现的那一天起就普遍受到企业的关注,此后许多企业运用4Cs营销理论创造了一个又一个奇迹。但是4Cs营销理论过于强调顾客的地位,而顾客需求的多变性与个性化发展,导致企业不断调整产品结构、工艺流程,不断采购和增加设备,其中的许多设备专属性强,从而使专属成本不断上升,利润空间大幅缩小。当然,这并不是由4Cs营销理论本身所引发的。

  与传统的4Ps理论相比,4Cs理论显然更为适应现在的市场环境。但不可否认,从企业的营销实践和市场发展的趋势来看,还有以下不足之处:

  (1)4Cs理论在本质上是4Ps理论的转化和发展,然而其理论更多地体现出的是被动地适应顾客的需求。而在当今市场环境下,企业若想获得稳定和持久的市场,需要从更高的层次上与消费者建立新型的关系,如双赢关系、互动关系等。

  (2)4Cs理论所倡导的是顾客导向,然而市场经济要求企业要以竞争为导向。与顾客导向相比,竞争导向不仅看到了顾客的需求,也注意到了竞争对手的动作。企业以竞争为导向,便能够审视自己在竞争中的优、劣势,从而采取适当的策略,在竞争中谋得发展。

  随着4Cs理论在营销活动中的广泛应用,经过一段时间的运作与发展,虽然会对市场营销的进步起到推动作用,但是它也势必会使得企业的营销在一个更高的层次上同一化,使得企业在营销上毫无个性和特色,从而也难以形成营销优势。

案例分享   **海尔集团国外市场开拓4Ps理论应用**

1.产品(Product)

  海尔集团根据市场细分的原则,在选定的目标市场内,确定消费者需求,有针对性地研制开发多品种、多规格的家电产品,以满足不同层次消费者需要。在洗衣机市场上,海尔集团根据不同地区的环境特点,考虑不同的消费需求,提供不同的产品。针对江南地区"梅雨"天气较多,洗衣不容易干的情况，海尔集团及时开发了集洗涤、脱水、烘干于一体的海尔"玛格丽特"三合一全自动洗衣机，以其独特的烘干功能，迎合了饱受"梅雨"之苦的消费者。此产品在上海、宁波、成都等市场引起轰动。针对北方的水质较硬的情况，海尔集团开发了专利产品"爆炸"洗净的气泡式洗衣机，即利用气泡爆炸破碎软化作用，提高洗净度20%以上，受到消费者的欢迎。针对农村市场，研制开发了下列产品：①"大地瓜"洗衣机，满足盛产红薯的西南地区农民在洗衣机里洗红薯的需要；②小康系列滚筒洗衣机，针对较富裕的农村地区；③"小神螺"洗衣机，价格低、宽电压带、外观豪华，非常适合广大农村市场。

2. 价格（Price）

海尔产品定价的目的是树立和维护海尔的品牌和品质形象。具体的定价策略如下：

（1）撇脂定价，即将价格定得相对于产品对大多数潜在顾客的经济价值来讲比较高，以便从份额虽小但价格敏感性较低的消费者细分中获得利润。采用这种定价策略的前提是公司必须有一些手段阻止低价竞争者的进攻，如专利或版权、名牌的声誉、稀缺资源的使用权、最佳分销渠道的优先权等。

（2）海尔产品定价的原则：①产品价格即消费者认可的产品价值；②消费者关注产品价值比关注产品价格多得多；③真正的问题所在是价值，而不是价格。

海尔的价格策略从来都不是单纯的卖产品策略，而是依附于企业品牌形象和尽善尽美的服务之上的价格策略。这种价格策略赢得了消费者的心，也赢得了同行的尊重与敬佩，更赢得了市场。

海尔的定价策略还依托于其强大的品牌影响力，这点在大中城市尤为明显。海尔在每个城市的主要商场，都是选择最佳、最大的位置之一，将自己的展台布置成商场内最好的展台形象之一；在中央和地方媒体上常年坚持不断的广告宣传，这其中几乎全是企业品牌形象宣传和产品介绍，对于价格则从没"重视"过。正因为如此，"海尔"两个字已经成为优质、放心、名牌的代言词。海尔的定价策略概括起来，即①价值定价策略；②创新产品高价策略。

3. 渠道（Place）

海尔的渠道组合策略如下：

（1）采取直供分销制，自建营销网络。所谓直供分销制就是由厂商自主独立经营，不通过中间批发环节，直接对零售商供货。海尔直供分销制的具体做法是根据自身产品类别多、年销售量大、品牌知名度高等特点，进行通路整合,在全国每个一级城市(省会和中心城市)设有海尔工贸公司;在二级城市(地级市)设有海尔营销中心,负责当地所有海尔产品的销售工作;在三级市场(县)按"一县一点"设专卖店。海尔现在已建立了一个庞大、完善的营销网络,拥有服务网点11 976个,销售网点53 000个(海外38 000个)。海尔在全国共设有48个工贸公司,实行逐级控制,终端的销售信息当天就可反馈到总部。

(2)采取特许经营方式,建立品牌专卖店。海尔设立品牌专卖店的主要目的是通过全面展示产品,提升品牌形象,提高海尔品牌的知名度和信誉度,同时促进产品的销售。海尔设立专卖店有利于品牌的树立,专卖店以其统一的形象出现在消费者面前,有利于企业整体品牌的塑造。专卖店采用统一的标识、统一的布置、统一的服务标准,保证了产品的质量和服务的质量,防止了假冒伪劣产品,保证了产品的货真价实,避免了伪劣产品造成的冲击。专卖店由被选定的经销商自己投资改造,这其中利用的实际上就是海尔的品牌价值。海尔试图以品牌优势达到经销商和自己的双赢:自己节省开支,而经销商借海尔提升形象。海尔的专卖店一般开在社区、郊区和居民小区等比较"边缘"的地带,避免了与海尔另一大营销体系——综合商场、大型百货"重复建设",发生"商圈"冲突。由于海尔多元化家电的定位,在海尔专卖店里,可以有电视机、空调、洗衣机、微波炉和燃气灶等十几个种类的"海尔造"商品,避免了其他家电企业专卖店只卖一两种电器的情况,摆脱了"成本偏高、效率偏低"的困境。

4.促销(Promotion)——海尔的品牌广告

广告是品牌传播的主要方式之一,它通过报纸、杂志、电视、户外展示和网络等大众传媒向消费者或受众传播品牌信息,诉说品牌情感,在建立品牌认知、培养品牌动机和转变品牌态度上发挥着重要作用。

资料来源: 百度文库 https://wenku.baidu.com/view/76d057eb920ef12d2af90242a8956bec0975a539.html

阅读思考

学习营销理论有利于创业者更好地掌握市场,理解消费者。从4Ps理论到4Cs理论,大家可以分析营销理论的发展有着什么样的前后变化,尝试着讨论。

任务三 创业企业市场营销战略管理

案例分享　　　　　　故宫以东·城市盲盒

体验经济时代,盲盒如何体验一个城市的文化?

如今,市面上的盲盒、扭蛋,带给人们的新鲜感越来越少,你是否渴望这样一种拆盲盒体验?

北京古人游玩图、话剧名段、京剧戏服、国潮、VR、非物质文化遗产、活体表情包……从盒子里蹦出。你边走,边拆,边玩,奇怪的知识在不断增加。打开一个装着"城市"的盲盒,将会是怎样一番新奇体验呢?

2021年5月1日,"故宫以东·城市盲盒"首次亮相王府井大街东方广场地下一层(见图6-2)。向时代讲述城市的过往,谱写文商旅融合新的篇章,打造四九城文商旅IP新名片。

图6-2　故宫以东

手掌大小的盒子里充满着未知的神秘,在拆开的过程中快乐被无限叠加与延续。"未知的喜悦"正催生着一批新群体的崛起,从河南博物馆挖土盲盒到泡泡玛特的千亿市值,万千年轻人追捧的背后,盲盒成为体验经济流量的代言,引领着时代生活方式的变迁。

以"城市+盲盒"组起跨界CP,在北京东城商业最繁华之地,"故宫以东·

城市盲盒"将一座城市的历史文化"放到"王府井大街东方广场地下一层。开发者给它的定义是："这是为城市带来无穷想像空间的新型室内国潮乐园。"

让兔爷从你手中蹦出来；看自己创作的沙燕风筝从故宫角楼飞出来；和话剧名角同台飙戏；带着自己的虚拟人影像回家；等等。据了解，"故宫以东·城市盲盒"共设有八大盲盒体验站，这八大体验站也被贴上了各自的独特标签。"故宫以东游园图"是一幅15m长的大型交互数字长卷，这一盲盒将老北京日常生活进行了再现。在这里，你能看到跳房子、冰嬉、提笼架鸟、滚铁环、投壶等好玩的生活化场景。手作充满温度、充满造物之趣。点画成真的梦想盲盒让体验者自己动手作画，比如你可以画老北京的扎燕风筝，画好后，梦想盲盒可以让它从故宫的角楼飞出来。

资料来源：搜狐 2021-05-24 https://www.sohu.com/a/468205554_121124402

阅读思考

"故宫以东·城市盲盒"能否真正吸引游客，为什么？

一、市场细分和市场定位

（一）市场细分

1. 市场细分的含义

市场细分是美国市场营销学专家温德尔·斯密于20世纪50年代首先提出来的新概念，顺应了第二次世界大战后美国众多产品市场转化为买方市场的新市场形势。

市场细分，也叫市场分割，指的是企业确定目标市场和制定市场营销决策的必要前提，是从顾客的购买欲望和需求的差异性出发，按一定标准将整体市场分割或划分为若干个市场部分（分市场），从而确定企业目标市场的活动过程。

细分后的每个市场部分，都是一个具有相似欲望和需求的顾客群，企业可选择其中一个或若干个作为目标市场。

市场细分是增加公司目标精确性的一种努力。

市场细分对企业具有下述重要作用：①分析市场时机，开拓新市场；②集中企业资源，投入目标市场；③有利于企业制定适当的营销策略。

2. 市场细分的类型

市场细分能更加有效地向目标市场提供最匹配的产品或服务，需要将市场中的用户划分为几个具备共同特征的群体。因为市场中的用户在需求、消费水平、购买行为等方面存在巨大的差异。

有多种方法可以对市场进行细分。4种最常见的市场细分方式见表6-1。

表6-1 市场细分方式

细分方式	细分维度
地理细分	地理位置、国家、城市、社区、人口密度、地貌、气候等
人口统计细分	年龄、生命周期阶段、职业、收入、工作、教育、民族等
心理细分	社会阶层、生活方式、性格、购买动机、态度、价值观等
行为细分	利益、使用频率、忠诚度、购买数量、购买时间、习惯等

3. 市场细分的步骤

（1）依据需求选定产品市场范围。

（2）列举潜在顾客的基本需求。

（3）分析潜在顾客的不同需求。

（4）移去潜在顾客的共同需求。

（5）为细分市场暂时取名。

（6）进一步认识各细分市场的特点。

（7）测量各细分市场的大小。

延伸与拓展　　　　　闻名A股的"最牛打印店"要申请上市了！

在帮那么多公司打印过上市材料后，荣大这次终于可以为自己"打印"了！

说起荣大打印店，A股投行界几乎无人不知。位于北京西直门南小街的荣大，被称为中国"最牛"的打印店，是中国拟上市公司申报材料打印业务的主要去处，也被称为"离上市最近的打印店"。

2000年，周正荣注册成立了北京荣大伟业商贸有限公司（以下简称"荣大"），专门为拟上市企业打印IPO资料。有投行从业人员表示，一年到头见不到几次的同事，在荣大遇到的概率反而更大，因为在荣大可以通宵达旦地修改、整理、制作、打印、校验材料。

荣大在业内的知名度来源于从客户接待流程到材料制作流程，把每个环节做到极致。由于很多券商的投行团队在外地,荣大的前台会提前做好沟通,在特定的时间内准备制作相关的材料,保证券商投行到达荣大后就能有足够时间完成材料制作。材料制作完成后,荣大可根据客户要求,把材料送到指定地点。

荣大还为客户提供一站式服务,租下了公司所在楼的更多房屋,建立了配备饮用水、食物的贵宾休息室,用来接待券商和上市公司相关人员。此外,荣大还在上海、深圳开设了分公司。

荣大一条龙服务的背后是其不低的收费,客单价在20万元左右。以泰坦科技为例,在其科创板上市发行费用中,向北京荣大商务有限公司、北京荣大科技有限公司共计支付上市服务费26万元。

资料来源:https://baijiahao.baidu.com/s?id=1683921362241975441&wfr=spider&for=pc

(二)市场定位

进行市场细分和确定目标市场后,企业面临的新问题就是市场定位,即初创企业在全面了解、分析竞争者在市场的位置后,确定产品如何接近顾客、定在哪些市场。可见,市场定位指的是对公司的产品进行设计,从而使其能在目标顾客心目中占有一个独特的、有价值的位置的行动。

企业通过市场定位塑造出产品鲜明的个性或形象,并传递给目标顾客,使该产品在细分市场上占有强有力的竞争位置。因此,市场定位是初创企业营销管理的核心。市场定位主要解决的问题是产品或服务的价格定位是多少,目标用户是谁,销量可以做多大,产品如何设计等问题。

市场定位可分为对现有产品的再定位和对潜在产品的预定位。

对现有产品的再定位可能导致产品名称、价格和包装的改变,而这些外表变化的目的是为了保证产品在潜在消费者的心目中留下值得购买的形象。

对潜在产品的预定位,要求营销者必须从零开始,使产品特色确实符合所选择的目标市场。

公司在进行市场定位时,一方面要了解竞争对手的产品具有何种特色,另一方面要研究消费者对该产品的各种属性的重视程度,然后根据这两方面进行分析,再选定本公司产品的特色和独特形象。

市场定位的内容如下:

(1)产品定位:侧重于产品实体定位,包括质量、成本、特征、性能、可靠性、实用性、款式等。

（2）企业定位：企业形象塑造，包括品牌、员工能力、知识、可信度等。

（3）竞争定位：确定企业相对于竞争者的市场位置。

（4）消费者定位：确定企业的目标顾客群。

市场定位是指企业针对潜在顾客的心理进行营销设计，创立产品、品牌或企业在目标客户心目中的某种形象或某种个性特征，保留深刻的印象和独特的位置，从而取得竞争优势。简而言之就是在客户心目中树立独特的形象。市场定位分析需要做到以下步骤。

1.决定定位层次

定位的首要工作就是考虑在哪个层次上定位。一般把定位分为以下三个层次：

（1）行业定位：指企业选择在哪个行业进行竞争，企业对于不同的行业的定位直接影响到企业定位和产品定位。

（2）企业定位：指企业对自己在行业中的角色进行定位，决定企业在行业中是作为领先者、挑战者还是追随者，不同的企业定位决定了企业在竞争中采取不同的策略。

（3）产品定位：根据产品所处的细分市场不同，选择竞争对手，通过找出本产品相对竞争对手的独特竞争优势，对产品进行定位。

2.辨别重要属性

一旦确定了定位层次，就要识别所选细分市场的重要属性，不同细分市场的顾客选择产品时所关注的产品属性是有差别的。

3.绘制定位图

当识别出产品的突出属性后，下一个步骤就是以这些属性为基础绘制定位图，并为这些属性寻找各机构在定位图中的位置。定位图一般选择二维和四维定位图，也就是选择两个重要属性或四个重要属性绘制定位图，并标示出不同的机构在二维或四维图中的位置。

定位图可以用来识别市场上潜在的空缺，包括存在需要而又几乎没有竞争的地方。应该注意的是：定位图上存在空白区域并不能就此推断出是有活力的定位。

4.评估定位选择

在绘制出定位图后，企业要在定位图中找出进行差异化定位的位置，并对这种差异化定位进行评估。

（1）定位选择。

1）加强与竞争对手相对应的现有定位。这是一种避免直接竞争的方法，通常这种方法适用于行业的追随者。当年蒙牛在创业初期提出的口号——"创内蒙古第二品牌"，采用的就是这种定位方法。

2）选择尚未占据的市场位置。这种定位是通过识别出市场中尚未占据的市场空缺，然后占据这个市场空缺。

（2）对定位选择进行评估。一旦企业进行了定位选择，就必须对其进行评估。

1）定位是否有意义。定位能否给消费者创造价值，不能创造价值的定位是没有意义的。

2）定位是否可信。定位必须要考虑企业的资源和能力是否支持此定位，无法实现的定位会使消费者不信任企业，会给企业带来非常大的伤害。

3）定位能否带来竞争优势。定位必须能将企业和竞争者区别开来，并能够给企业带来差异化的竞争优势。

5. 准确表述定位

企业进行了定位选择后，需要把这种定位准确的表述出来，这种表述既要使企业的产品、品牌与竞争品相区别，又要将企业的品牌与消费者的身份、生活相联系。

6. 根据定位确定营销组合

企业在准确表述出定位后，需要通过一系列营销组合来成功地实施定位。定位意味着战略方向的确定，而营销组合是沿着定位的方向进行的战术营销活动，可以用来影响顾客以及与此相关的产品或企业的定位。

市场定位分析的实质是使本企业与其他企业严格区分开来，使顾客明显感觉和认识到这种差别，从而在顾客心目中占有特殊的位置，并取得竞争优势。

二、创业企业营销策略

产品生命周期指的是产品从研制成功投入市场开始到被市场淘汰停止生产的全过程。

典型的产品生命周期一般分为四个阶段，即引入期（介绍期）、成长期、成熟期和衰退期。

1. 产品引入期特征及营销策略

产品引入期的主要特征表现为：生产批量小、制造成本高、设计不够完善、性能和质量也欠稳定，产品的分销渠道不够畅通和固定，产品的促销费用高，企业是微利或亏损状态，经营风险较高，等等。

产品引入期的营销策略主要为"抢"，即快速-掠取策略、缓慢-掠取策略、快速-渗透策略、缓慢-渗透策略。

（1）快速-掠取策略：主要是高定价，大量广告宣传来提高销售。

（2）缓慢-掠取策略：主要是高定价，花费较少的广告费来推销。

（3）快速-渗透策略：主要是低定价，大量广告宣传来提高销售。

（4）缓慢-渗透策略：主要是低定价，花费较少的广告费来推销。

2. 产品成长期特征及营销策略

产品成长期的主要特征表现为：消费者对新产品已熟知，销量迅速增加。由于大规模生产和丰厚的利润机会，吸引大批竞争者加入，市场竞争加剧；产品已定型，技术工艺和关键设备均已成熟；建立了比较理性的营销渠道，市场价格趋于下降；为了适应竞争和市场扩张需要，企业的促销费用水平基本稳定或略有提高，但占销售额的比率下降；等等。

产品成长期的营销策略主要为"占"，即占领市场、扩大市场占有率。

3. 产品成熟期特征及营销策略

产品成熟期的主要特征表现为：成熟期可分为成长中的成熟、稳定中的成熟、衰退中的成熟。故销售量虽仍在增长，但已达到饱和，增长率呈下降趋势，竞争十分激烈，竞争者之间的产品价格趋于一致；类似产品增多，市场上不断出现各种品牌的同类产品和仿制品，企业利润开始下降；等等。

产品成熟期的营销策略主要为"稳"，即稳定市场占有率。具体来说，可供企业选择的策略有市场改良策略、产品改良策略和营销组合改良策略。

4. 产品衰退期特征及营销策略

产品衰退期的主要特征表现为：产品销售量由缓慢下降转变为急剧下降；消费者已在期待新产品的出现；更多的竞争者退出市场。企业维持处于市场衰退期的产品，往往需要经常调低价格，处理存货，这不仅需要花费大量精力和经营费用，而且容易在顾客心中造成经营落后的不良印象，直接损害企业的长远利益。

产品衰退期的营销策略主要为"变"，即连续策略、集中策略和榨取策略。

三、设计创业营销方案

创业营销方案主要包括定价、分销渠道和创业型销售队伍三个方面。

（一）定价

1. 价格及其特征

决定如何收取费用是创业者面临的众多问题中最重要的一个问题。许多创业者或公司管理者都只是凭借感觉对产品或服务进行定价，认为价格的主要作用就是弥补成本并获得合理回报。

当前，一些企业开始采取更为复杂、更具创造力的价格管理模式，同时更注重价格因素的重要战略地位。一般来说，企业对产品或服务制定价格时会呈现以下5种特征：

（1）价格是有价值的。顾客最终愿意支付的价格，是其对某项产品或服务价值的估计。

（2）价格是可变的。顾客为获得已有产品或服务支付的费用是可变的，或可以运用不同方式进行管理。这些方式包括绝对支付额、支付构成、支付对象、支付时间、支付形式、支付条款及全部或部分支付等方面的改变。

（3）价格是多样的。公司一般销售多种产品或服务，其可能通过一些产品或服务的销售，或制定价格时实行捆绑（或单独）销售，或通过提高产品或服务的边际利润来制定价格。

（4）价格是可见的。价格的可见性，表现为价格向顾客传达的产品或服务的价值、形象、供给和需求状况、独特性等信息。虽然顾客有时并不能估计需要支付的全部费用，但其会考虑和关注同类或同价值的其他大多数产品的价格。

（5）价格是虚拟的。在营销决策变量中，价格被认为是最容易改变的，也是改变最迅速的，特别是互联网时代，针对瞬息万变的市场，需要立即调整价格。

2.创业型定价

企业的成功越来越依赖于基于市场、承担风险、主动和灵活定价的能力，具有这种特征的定价称为机会型或创业型定价。

这种定价行为包含以下4个维度：

（1）基于成本定价，还是基于市场定价。基于成本定价，更注重弥补成本。基于市场定价，更趋于以顾客为中心，价格的主要目的是反映顾客从所提供的产品中得到的价值量。

（2）趋向于风险厌恶，还是风险偏好。风险厌恶定价是一种保守型定价方式，价格只是在必要时调整，其重心是成本弥补。风险偏好定价是指创业者或管理者会采用新颖的、未经证实的、评估收益损失、混淆与疏远顾客或其他可能会产生负面影响的定价计划。

（3）采取积极主动方式，还是采取被动方式。被动定价是模仿竞争者定价行为，对顾客信息的反应，只有在规则发生变化或一项新技术的突破很快影响产品成本的情况下，才会改变价格。主动定价则不追随竞争者价格，而是根据产品的实际情况及与竞争者之间的差异来确定产品价格。

（4）重视标准化，还是灵活性。标准化定价趋向于为某类产品或服务制定相同的价格，不考虑顾客、市场、环境（包含竞争者）的突发事件等因素。灵活定价则是根据不同的市场、顾客、购买时间和地点、产品或服务捆绑销售的机遇，以及根据实际或预期的竞争者行为等因素，为产品制定不同的价格，例如，精准营销、大数据杀熟等。

上述4个维度是彼此相互作用的。如果采用主动定价，那么就可能承担更大的风险；如果采用灵活定价，那么就需要坚持以市场为导向。

3.创业型定价的具体形式

创业型定价有许多不同的表现形式,大多数情况下,采取实验、测试或小范围测试的方式进行。创业型定价在不同行业有不同的表现形式。

(1)软件行业。传统定价方式要求顾客对软件产品进行一次性支付,当今则采取租赁、发放许可证及基于使用情况的收费方式。

(2)公用事业。通过捆绑销售的方式提供不同价值的产品或服务组合。

(3)金融服务业。贷款费用是基于借款人的情况单独制定,故金融机构采用风险型的定价方式。

以上定价方式表明,基于成本和固定价格的定价方式也许会消失,一组新的力量将主导现代定价行为。

4.以创业导向制定企业定价方案

创业型定价应基于价值,并通过寻找独特的市场和顾客群来把握预期的整体价值。企业应根据市场情况的可能,发展多种战略,面对不同的市场,同一企业可能会同时采用溢价和平价的定价战略。

对于初创企业,新产品定价策略一般包括高价撇脂定价策略、渗透定价策略和满意定价策略。

(二)分销渠道

产品分销渠道指的是产品和服务在从生产者向消费者转移过程中,取得这种产品或服务所有权或帮助所有权转移的所有企业和个人。

在渠道方面,初创企业需要确定产品是直接还是通过中间商(批发商和零售商)销售给消费者。在大多数行业,这两种选择都可以实现,因此,决策取决于企业认为目标市场愿意用哪种方式购买产品。

(三)创业型销售队伍

当今,面临日益激烈的生存环境,企业需要挖掘真正有潜力的销售队伍。对于创业企业,需要把公司的部分所有权给予销售人员,并让其充分理解该做法的战略意义。

延伸与拓展 回归到营销理论,谈谈到底什么是业务场景?

在与有经验的数据分析师交流的过程中,经常看到"业务场景"这个概念:脱离业务场景的分析是纸上谈兵,无法落地。

既然业务场景这么重要,下面来聊聊业务场景。

(一)业务场景的必要性

数据分析新人经常遇到这样的问题:学习数据分析中用户分析的海盗模型,入职后拿到天猫系的电商公司里,根本用不上,因为没有数据。帮业务做数据分析时,最终给出的建议,业务说做不了。这些都是分析脱离业务场景的表现。

反过来说,有了业务场景能帮我们解决的问题是:结合业务场景,完善数据逻辑,包括数据清洗、特征工程等;构建分析框架,要做什么分析,哪些分析不需要,这些都取决于业务场景限制在特定的业务场景下,可以给出更为落地的业务建议。

(二)什么是业务场景

既然它这么重要,那到底什么是业务场景?

企业的业务分工都是围绕着营销而展开,因此讨论业务场景就可以回溯到营销理论的发展:早在1967年,菲利普·科特勒在其书中提出了4Ps理论,是最为经典的营销框架。4Ps理论关注产品,"产品为王"的年代,似乎只要做好产品、定价、铺货和促销,生意就能大卖。

时间来到1990年,美国营销专家劳特朋教授提出4Cs理论,认为在物质极度丰富的当下,企业营销应该以"用户为王",只有透视顾客的需求、成本,为顾客提供便利以及保持沟通,才能让品牌受到市场青睐。

这个阶段,企业一直讨论如何进行人货匹配,STP+4P做市场细分的本质也是在不断划分人群,抢夺不同细分人群的用户心智。

随后,互联网,尤其是随着4G技术席卷而来的移动互联网,重塑了传统社交的时空格局。此时,对产品的需求是动态的。因此,营销界引入了"场景"的概念,认为"特殊情况特殊分析",用户和产品之间需要通过场景来连接。

由前面营销理论的发展,我们可以分辨出营销的核心要素:用户、产品、场景(见图6-3),这也就是我们要提出的业务场景模型,即

业务场景 = 用户 × 产品 × 场景

图6-3 营销的核心要素

1.产品

借助4Ps理论,我们可以有一个简单的分析框架:产品力(Product)、定价策略(Price)、销售渠道(Place)和营销概念(Promotion)帮助我们建立对产品的全面认知。

注意,这里的产品不仅仅是一个实体(比如鼠标、天气App等),还应该包括它的服务,也就是说这里是"大产品"的概念,即为用户提供的一整套解决方案。

2.用户

针对用户的4C理论,即Customer(关注顾客价值)、Cost(关注顾客广义的购买成本)、Convenience(考虑顾客的便利性)、Communication(寻求与顾客的积极沟通)能帮助品牌时刻围绕用户创造价值。

营销专家特劳特的《定位》开启了对用户进行细分的研究先河,现在的用户运营部门,或者会员管理部门的精细化运营,实际上都是在不断地做用户分层(细分)。

3.场景

(1)场景的重要性。产品,从广义上来说,不再是一个静态的概念,而是用户愿意为一个具体场景下的方案买单,这就是场景赋予产品的意义,同时,从这个角度上看,场景也更能配合大产品的概念(实体及其配套服务)。

目前,阿里商业帝国的布局都是围绕着场景而展开的:①电商场景:淘宝、天猫、特淘等;②出行场景:滴滴、高德等;③支付场景:支付宝、花呗等;④医疗场景:阿里健康等。

由此,可以借助《场景革命》作者吴声的一句话来说明场景的重要性:产品解决一个问题,场景持续解决问题。

怎么理解呢?在移动互联网时代的当下,从消费者行为模式AISAS来看,用户的注意、兴趣、搜索、购买、分享链路都是在特定场景下进行的,如图6-4所示。

图6-4　AISAS模型

（2）什么是场景。既然场景这么重要，接下来就重点剖一下它的定义。

用户使用产品的底层逻辑是用户先有一个目标，或者说是任务，然后它在实现目标的过程（环境）中，存在一些痛点，需要使用某款产品来帮助达成目标。

这里的目标＋环境＋痛点，就是场景（见图6-5）。

比如，饼干哥哥在深圳工作（用户），下周国庆放7天假（环境），打算回家探望母亲（目标），但是家乡没有高铁站，坐大巴车又不舒服，直接打车回去又太贵（痛点），所以提前使用滴滴预约顺风车（产品）。

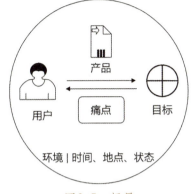

图6-5 场景

这里假期返乡及对费用敏感的场景把滴滴的产品（顺风车）和用户（城市工作的人群）连接在了一起。

比如，对珠宝首饰企业来说，情人节（环境|时间）是一个重要节点，男生想买首饰送给女生（目标），但不知道怎么选（痛点），此时某公司推出售后7天免费换新的政策来促销（大产品）。在这个案例中，该公司根据情人节的典型场景，设计了新玩法帮助促销产品。

对场景有大概的印象后，接下来，我们把场景拆开来看看各要素的概念。

1）目标。目标是利用场景营销的出发点，但这里的目标不仅是具体的任务，还包括内在的需求，比如社交需求：分享好物给闺蜜，这也就是常见的海盗模型里的Refer自传播场景；也可以从马斯洛的需求层次理论（见图6-6）来理解用户的不同行为起点。

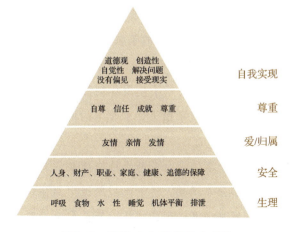

图6-6 马斯洛的需求层次理论

2）痛点。用户在实现目标的过程中，一定是遇到了某种痛点，因为只有这样，用户对我们产品的需求才成立。

3）环境。环境在这里是最大的变量，这也是为什么有这么多不同细分场景给不同产品落地的原因。

不同的时间在周期性强的领域最为显著，比如电商中不同的节日；基于地点的场景衍生出了携程、12306等产品需求；不同状态主要表达在不同条件，比如我们看哔哩哔哩（B站）的时候，有WiFi时视频顺畅播放，而无WiFi时画面就切到是否使用移动流量观看视频的提醒，连流量都没有的时候就切到了断开连接的画面，这就是因不同网络状态产生的不同场景。

当然，环境的组成不止时空和状态。

（3）如何使用场景。介绍完什么是场景，来看看在实际中它是如何被应用的？

1）利用场景分析用户。营销领域中，场景营销已经成为品牌营销中的热点，比如锐澳（RIO）鸡尾酒借助"空巢青年"的场景，微醺独饮，打造"一个人的小酒"概念，赢得年轻人市场青睐，相关话题更是在微博收获上亿阅读量。从用户消费链路来看，可以将场景分为决策场景、购买场景、使用场景和分享场景。

A.决策场景。什么影响用户的决策？阿里利用心智模型洞察用户，推出美妆行业的健康度榜单（Joint Consumer Growth Program，JCGP）落地方法论，帮助商家在双十一拉新获客。

B.购买场景。珠宝行业的周大福在全国推出不同风格"主题体验店"，比如位于北京的"传"空间体验店一改传统珠宝门店的设计风格，在墙面上绘制了北海的春日海棠、夏季荷花、白塔龙船等具有紫禁城记忆的元素；在店面陈列上也打破传统的"柜内柜外、你说我听"的销售模式，改成了"旋转展台"。这些动作都是在为顾客构建一个与品牌印记相符的沉浸式购物场景。

C.使用场景。用户是在什么场景下使用你的产品？比如哈根达斯通常会在特定节日（如情人节、七夕等）氛围下，强化它的网络营销活动，因为这是它的典型使用场景之一。

D.分享场景。用户的分享动机大多基于社交需求，洞察用户之间的社交关系，可以更好地帮助理解分享场景，进而形成刺激用户分享的策略。比如"社交货币"理论，就是对用户分享心理的提炼，而此前风靡朋友圈的网易荣格测试H5就是一个强社交货币属性刺激用户分享的典型案例。

2）利用场景帮助设计产品。产品从需求、到设计、到落地，每一步的逻辑要成立都需要场景的支撑，按此流程可以把场景分为用户需求场景和用户使用场景、产品商业化场景。

A.用户需求场景。用户与产品之间要能联系起来，需要的不止是用户"需求"或者"痒点"，而是要深挖用户的痛点。比如出国留学的场景，学生的目标是要到海外求学，所以需要学英语，但这不是痛点，还需要深挖；学生在国内没有语言环境，学的是"哑巴英语"，所以"没有使用英语的场景来培养语感"或许才是痛点，针对该点设计的Hello Talk主打"语言交换"，与国外想学习中文的朋友用对方的语言社交。

B.用户使用场景。在设计产品的过程中，很需要回归到用户的使用场景，尽量让用户保持一个良好的使用体验：①时间场景：比如f.lux是一款过滤蓝光的软件，它可以随日出、到日中、到日落的时间变化，调整电脑屏幕的色度和亮度，让用户眼睛达到一个最舒服的状态。②地点场景：比如携程、12306等App就是基于地理场景的应用，帮助用户解决出行痛点。③状态场景：在产品设计阶段要充分考虑各种条件在不同状态下的变化，比如前文提及的B站在不同网络状态下的页面变化。

C.产品商业化场景。产品商业化主要通过增值产品发散和现有路径阻断实现（参考每日一问复盘）。

从场景的角度来理解：场景 = 目标+环境+痛点，简单来说增值产品发散就是满足用户的痛点，而现有路径阻断则是在用户达成目标的路径上下功夫。

比如百度网盘的常规操作——限速，就是在用户想要文件（目标）的路径上阻断；而它推出增值产品"一刻相册"，则是通过满足用户更多（存储图片视频）的痛点来提高收入。

（三）业务场景如何落地应用

上述讨论了用户、产品和场景，回过头来看，什么是业务场景？可以理解为不同的职能部门，围绕着产品，围绕着用户的分工。

比如互联网行业，产品经理设计产品、技术开发、上线产品；用户运营基于海盗模型来做用户的获取、激活、留存、促转及分享；运营根据不同的节点、场景设计活动、策略；广告部门根据人群、产品做新媒体投放、贴片广告；等等。

比如电商行业，用户运营基于AIPL×FAST模型来做用户认识、兴趣、购买、忠诚阶段的转化；平台运营在618、双十一、圣诞节等节点策划促销活动；投放部门利用数据银行圈选渠道人群，利用达摩盘对单品进行广告推广；等等。

这些就是实际落地中的业务场景。

资料来源：破局者Breaker 今日头条 2022-04-01

项目七　创新创业企业注册成立及管理

学习目标

1. 创新创业企业如何注册？在注册中股权架构要注意哪些事项？
2. 企业成立后如何防范风险？如何进行企业初期管理？

任务一　企业类型以及工商登记注册流程

一、公司的4种主要形式

按照我国企业法，包括《中华人民共和国个人独资企业法》《中华人民共和国合伙企业法》《中华人民共和国公司法》等，可组建的企业或公司有以下几种类型。

（一）个人独资企业

个人独资企业是由一个自然人投资的企业。投资人对企业的债务承担无限责任，设立个人独资企业须具备下述条件：

（1）投资人为一个自然人，且只能是一个中国公民。

（2）有合法的企业名称，并符合法律、法规的要求，企业名称与其责任形式及从事的营业内容相符合，不得使用"有限""有限责任"或者"公司"字样。

（3）有投资人申报的出资：投资人可以以货币出资，也可以以实物、土地使用权、知识产权或者其他财产权利出资，但必须将其折算成货币数额。投资人如以家庭共有财产作为个人出资的，应当在设立（变更）登记申请书上予以注明。

（4）有固定的生产经营场所和必要的生产经营条件。

（5）有必要的从业人员。

（二）合伙企业

合伙企业相对于个人独资企业可以减少风险，其开业手续简单，能够很快开张经营。按照我国《中华人民共和国合伙企业法》规定，合伙企业指在中国境内设立的由各合伙人订立的合伙协议，共同出资、合伙经营、共享收益、共担风险并对合伙企业债务承担无限连带责任的营利性组织。合伙企业的设立条件如下：

（1）有两个以上的合伙人，并且都是依法承担无限责任者。

（2）有书面合伙协议应载明下列事项：合伙企业的名称和主要经常场所的地点；合伙的目的和合伙企业的经营范围；合伙人的姓名及其住所；合伙人的出资方式、数额和缴付出资的期限；利润分配和亏损分担方法；合伙企业事务的执行；入伙或退伙相关规定；合伙企业的解散与清算；违约责任。

（3）有各合伙人实际交付的出资。合伙人可以用货币、实物、土地使用权、知识产权或者其他财产权利缴纳出资。

（4）有合伙企业名称。企业名称一般应由企业所在地行政区划名称、字号（商号）、行业或者经营特点、组织形式等部分组成；合伙企业在其名称中不得使用"有限""有限责任"的字样。

（5）有营业场所和从事合伙经营的必要条件。经营场所是指合伙企业从事生产经营活动的所在地，合伙企业一般只有一个经营场所；从事经营活动的必要条件是指根据合伙企业的业务性质、规模等因素而须具备的设施、设备、人员等方面的条件。

（三）有限责任公司

有限责任公司的设立应符合以下条件：

（1）股东符合法定人数。股东人数应在2人以上，50人以下。

（2）出资。股东出资必须达到法定资本的最低限额；出资方式可以以货币出资，也可以以实物、工业产权、非专利技术、土地使用权作价出资；不按规定缴纳所认缴出资的股东，应当对已足额缴纳出资的股东承担违约责任；公司新增资本时，股东可优先认缴出资，经股东同意转让的出资，同等条件下，其他股东有优先购买权；公司登记后，股东不能抽回出资；股东之间可以互相转让出资；公司成立后，须向股东签发出资证明书。

（3）公司章程的规定。有限责任公司的章程由股东共同制定，所有股东应当在公司章程上签名、盖章；公司章程的法定内容包括：公司名称和住所、公司经营范围、公司注册资本、股东的姓名、股东的权利和义务、股东的出资方式和出资额、股东转让出资的条件、公司的机构及其产生办法、公司的法定代表人、公司的解散事由与清算办法，任意记载事项为股东认为需要规定的其他事项。

（4）公司的名称和组织结构。应在名称中标明"有限责任公司"字样；依法设立股东会、董事会、监事会。董事会由3~13人组成，设董事长1名和副董事长1~2人。股东人数较少的有限责任公司可设1名执行董事，1~2名监事，不设董事会和监事会。

（5）有公司住所。公司住所是公司主要办事机构所在地，是法定的注册地址，不同于公司的生产经营场所。

（四）股份有限公司

股份有限公司的设立应符合以下条件：

（1）发起人符合法定人数。《中华人民共和国公司法》（以下简称《公司法》）规定了设立股份有限公司，应当由2人以上200人以下为发起人，其中须有半数以上的发起人在中国境内有住所。

（2）注册资本。我国《公司法》规定了股份有限公司注册资本应为实收股本总额，股本总额为股票面值与股份总数的乘积，公司注册资本最低限额为人民币1 000万元，最低限额需要高于人民币1 000万元的由法律、行政法规另行规定。

（3）股份发行筹办事项符合法律规定。如设立股份有限公司必须获得必要的行政审批、向社会公开募集股份必须经过国家证券监管部门的事先批准等。

（4）发起人制定公司章程，并经创立大会通过。设立股份公司必须依法制定公司章程，以此作为设立股份公司的基本法律文件。公司章程必须以书面形式完成，并记载法律规定必须记载的内容。公司章程须经国家主管机关的审查批准后方可产生法律效力。

（5）有公司名称，建立相应的组织机构。公司名称遵照《公司法》要求，含有"股份有限公司"字样；股份有限公司应依法设立由股东大会、董事会、经理和监事会组成的公司组织机构。

（6）有固定的生产经营场所和必要的生产经营条件。公司以其主要办事机构所在地为住所。

二、工商登记注册流程

一个企业从在国家相关部门登记注册到最终创立需要经过一系列的法律流程，其主要步骤如下：

（1）核名。核名，顾名思义是为了确保没有同名的公司。创业者可以通过前往当地工商局领取 "企业（字号）名称预先核准申请表"或登录工商局官方网站的方式进行办理。如果没有重名，工商部门就会核发一张"企业（字号）名称预先核准通知书"。

（2）前置审批。外资、餐饮、音像、电信、烟草、美发、广告、报关等特殊部门需到相关部门进行审批，获得许可证。审批申请资料包括前置审批书、企业名称预先核准通知书、法人身份证原件、房屋租赁合同或房产证等相关部门要求的材料。

（3）工商登记注册。备齐各地方工商管理局要求的资料，到企业注册地工商管理局办理工商登记注册。需要注意的是，根据注册企业的性质不同，需要的资料也会不一样，具体信息依据当地工商管理局规定为准。注册资本3 000万元（含）人民币以上的有限责任公司需要在市级工商管理局办理，其他在区县级工商管理局即可办理。工商登记注册成功3个工作日后即可领取营业执照。

现在的营业执照、组织机构代码证、税务登记证、社会保险登记证和统计登记证是五证合一的，只需要办好执照就可以了。

（4）刻字印章。提供企业法人营业执照、法人代表身份证等材料到公安局特行科审批后，到公安局指定的刻章社刻印章。

（5）开立基本户划账。凭营业执照、组织机构代码证、税务登记证、法人身份证（原件）、企业公章等去银行开立基本账户。

携带开户申请书、企业法人经营执照、组织机构代码证、企业公章、法人身份证（原件）到工商局内划资窗口，缴纳相应费用后获得基本存款账户的开户许可证，并将验资账户的资金划转到基本账户。

（6）银行入资。携带企业（字号）名称预先核准通知书、法人代表身份证（原件）、法人代表私章、公司章程等到银行填写银行开户申请书，并告知其申请开验账户，开户后股东需按出资比例分别存入相应金额。

（7）社会保障登记。持社会保障登记表、企业法人营业执照、组织机构代码证书、法人身份证（原件）到当地社保中心获得社会保险登记证。

三、股权及股权结构设计类型

股权是指投资人由于向公民合伙和向企业法人投资而享有的权利。一般来说,股权占比越大,其在企业中所享有的各项权利也越大。

创业公司的全生命周期都在围绕其商业目的而运行,因此股权结构设计需要围绕商业目的这一基本原则进行,做到风险最小化和利益最大化。

(一)股权结构

按集中度程度的不同,股权结构可分为平均型股权结构、绝对集中型股权结构和相对集中型股权结构。

1.平均型股权结构

平均型股权结构,就是每一个创始成员平分股权,没有真正的实际控制人。这种结构容易产生管理权问题,得不到解决的话会形成公司僵局,既不利于投资人进入,也影响成员的凝聚力和创造力;在上市过程中由于没有实际控制人,会造成一定的上市障碍。

2.绝对集中型股权结构

绝对集中型股权结构,就是由单个创始人持有绝大多数股权,由单个创始人绝对控制。由于创始人绝对控制,容易形成家族企业式的管理方式和用人风格,在吸引投资和引进人才方面,均会产生负面影响。

3.相对集中型股权结构

相对集中型股权结构,就是由单个创始人持有相对多的股权,其他创始人拥有相对少的股权。这种股权结构实际控制人地位突出,但又不是绝对控制;管理效率很高而又不乏民主,是最理想的股权结构。大多数投资机构青睐这种股权结构的公司,高素质人才也愿意加入这种股权结构的公司。

(二)股权分配原则和方法

股权分配事关创业团队所有参与者的创业意愿和创业目标,在很大程度上决定了创业团队在一起能走多久,能走多远,对创业公司的发展前景、发展速度也起到了部分决定作用。

创业团队的第一次股权分配,其本质是均衡好每位创业参与者的权利和财富,是一种平衡的艺术。创业团队第一次分配股权,要考虑创业公司股权设置的目标。这些目标主要包括:

（1）突出控制权：①一主二辅型股权结构；②吸引融资，相对集中型的股权结构最容易吸引融资；③吸引人才，第一次股权分配时就要考虑后续加入的核心管理人员和核心技术人员的股权激励，为股权激励留下空间。

（2）分配原则主要有三项：①公平原则，每一个创始团队成员都能够分到股权；②公正原则，要求在分配股权时合理评价每个人为公司所作的贡献，包括已经形成的贡献和未来可能做出的贡献，以及其为公司所放弃的机会成本等；③公开原则，股权分配应该在创始团队中开诚布公地进行充分讨论，最后达成一致意见。

卡内基梅隆大学TEPPER商学院教授弗兰克·德姆勒提供了一个创始人股权分配计算器分配模型。弗兰克·德姆勒认为创始人股权分配时应该考虑创意、商业计划、行业专长、承诺和风险、责任等因素，并按各自的分数和权重进行加权计算，从而得出股份比例结论，见表7-1。

表7-1 弗兰克·德姆勒股权分配模型

	创始人1	创始人2	创始人3	
创意	70	20	10	
商业计划	10	30	10	
行业专长	50	30	20	
承诺和风险	100	50	20	
责任	80	60	20	
总分数	310	190	80	580
比例/（%）	53.45	32.76	13.79	100

（三）创业团队的股权激励

用股份留住优秀的人才是很多公司惯用的手法。对于初创期的公司，人才更是稀缺，并且创业公司能够拿出来吸引人的东西并不多，因此，创业团队应该用这个途径来吸纳更多的人才。

我国《公司法》于2005年修订了条款，原则上要求"股东按照实缴的出资比例分取红利；公司新增资本时，股东有权优先按照实缴的出资比例认缴出资"，但也允许"全体股东约定不按照出资比例分取红利或者不按照出资比例优先认缴出资的除外"，2005年修订之前的《公司法》规定"股东会会议由股东按照出资比例行使表决权"，修订后该条新增"公司章程另有规定的除外"，即允许"同股不同权"的自治安排。证监会也于2018年6月6日发布了《关于试点创新企业实施员工持股计划和期权激励的指引》等文件，进一步为创新企业实施员工激励松绑。

期权是一种能在未来特定时间以特定价格买进或卖出一定数量的特定资产的权利。股票期权是股份公司与员工的约定，员工拥有在约定的时间内以事先约定的价格，按照约定的条件购买股份公司约定数量股票的权利。购买股票的员工是股票期权的权利人，在行权之前，员工不享有股票任何实际权益，只有在按约定行权后，员工才享有股票实际权利。

股票期权是针对股份公司特别是已上市的股份公司而言的，未上市的有限责任公司的该类期权叫股份期权。

所承诺的股份一定要规定其工作年限足够长，比如四年甚至更长，因为相对的人员稳定是公司发展壮大的先决条件。对于提前离开的合作者，公司应有权按原价或者其他约定价格回购其股份，以便用此股份奖励新合伙人或业绩突出的员工、合伙人。最后，注重诚信建设，承诺要慎重，不要随意承诺、承诺过多；承诺了就得按承诺的执行，这样才能在团队中建立信用和树立威信。

一主二辅型股权结构

北京优帆科技有限公司成立于2012年4月，2019年5月更名为北京青云科技股份有限公司（以下简称青云QINGCLOUD），是一家技术领先的企业级全栈云ICT服务商和解决方案提供商，也是一个基于云模式的综合企业服务平台。在国内互联网云计算厂商和传统ICT设备云计算厂商的夹击中脱颖而出，成为少数稳步立足于云计算行业的独立厂商。

根据天眼查等公开资料显示，青云QINGCLOUD在创立后至第一次融资前，一直维持一主二辅型股权结构，具体见表7-2。

表7-2 青云QINGCLOUD初建时期股权结构

序 号	股东名称	股权比例/（%）
1	黄××	70
2	甘×	20
3	林×	10
	合计	100

表7-2体现了一主二辅型股权结构的基本特征，即黄××成为青云QINGCLOUD的实际控制人，甘×和林×辅助黄××管理和运营公司，一个分管市场，一个分管技术。

该公司的股权结构设置看起来黄××持股比例偏高，但有其合理性。云计算公司需要投入大量资金购置硬件设施等固定资产，也需要投入大量资金用于研发，因此快速、大额融资成为必然。在这种情况下，实际控制人持有较高的股权比例，有利于建立员工激励的期权池（ESOP），也经得起历次融资的稀释而不丧失控制权。表7-3是黄××、甘×和林×三人在股改后的股份比例情况。

表7-3 青云QINGCLOUD申请上市前股权结构

序号	股东名称	股权比例/（%）
1	黄××	18.92
2	甘×	6.20
3	林×	3.10
4	ESOP	5.20
	合计	33.42

经过历次融资的稀释后，黄××个人控制了24.12%的股份，与甘×和林×三人共同控制了33.42%的股权，刚好超过1/3。按照我国《公司法》的规定，这个股份比例恰好能够否决应由股东大会审议的重大事项。因此在上市申报中，黄××、甘×和林×三人结成一致行动人，黄××为实际控制人。

一主二辅的股权结构，对青云QINGCLOUD的成长起到了奠基的作用，特别是在吸引投资、引进人才和上市安排上，掌握得恰如其分，值得其他创业者好好学习。

资料来源：创业者手册 中国法律图书有限公司谭鹏程著

阅读思考

这种类型的股权架构设置对创业企业有哪些优势？

任务二 创新创业企业成立初期风险管控

创业风险具有不确定性，企业风险由创业过程中各种难以预计和无法控制的因素造成，一旦发生就会给创新型企业带来严重的经济损失。创业风险并不是只代表着经济损失，经历过风险之后也可能会为企业带来更高的经济价值。企业家必须采取积极谨慎的态度面对风险，对创业风险进行有效的识别，对可能出现的未知风险进行有效的预防，并且对发生的风险进行有效的控制和处理。当风险与利益共存时，创业者需要沉着地判断利弊。

一、企业风险的类型与评估

1.企业风险的类型

按照创业风险的内容，企业风险可以分为以下几种类型。

（1）环境风险：国家宏观经济政策变化，使企业受到意外的风险损失；企业的生产经营活动与外部环境的要求相违背而受到的制裁风险；社会文化、道德风俗习惯的改变使企业的生产经营活动受阻而导致企业经营困难；等等。

（2）市场风险：企业对市场需求预测失误，不能准确地把握消费者偏好的变化；竞争格局出现新的变化，如新竞争者进入所引发的企业风险；市场供求关系发生变化；等等。

（3）技术风险：技术工艺发生根本性的改进；出现了新的替代技术或产品；技术无法有效地商业化；等等。

（4）管理风险：组织结构出现问题，管理能力与管理水平不足；生产过程发生意外中断，生产计划失误，造成生产过程紊乱；等等。

（5）财务风险：是指由于企业收支状况发生意外变动给企业财务造成困难而引发的企业风险等。

（6）人才风险：道德风险，选人不当会造成成员的职责工作和自身能力不相适应风险；人事变动风险，企业人事管理方面的风险；等等。

2.企业风险的评估

（1）企业风险分析。我国创业企业的成长可以划分为孕育期、求生期、扩张期和稳定前期四个阶段。各个阶段呈现出不同的风险类型和风险特点。孕育期可能面临一系列的外部环境风险、市场风险以及财务风险；求生期最常遇到的是财务风险、市场风险、技术风险；在扩张期，管理风险、市场风险都是创业企业将遇到的显著风险；在稳定前期，成长动力风险和战略风险初现端倪。风险分析既需要对风险本身进行界定，如界定风险发生的可能性、强度、持续时间、发生的区域和关键风险点等，还需要对风险的作用方式进行界定，如界定风险对企业的影响是直接的还是间接的、是否会引发其他的相关风险、风险对企业的作用范围等。

（2）企业风险评价。企业要结合对自身的分析和对风险的分析，评估风险对企业目标实现的影响程度、风险的价值等。例如，企业要分析风险可能会给企业带来的损失,这个损失有多大;如果要避免或者减少风险,那么企业需要付出多大的代价;如果企业承担了风险,那么能给企业带来多大的利益;如果避免或者减少了风险,那么企业得到的利益又能有多少。

二、企业风险对策

为避免造成重大经济损失和社会不良影响,每个创业者都应花大力气进行风险预防。创业者应选择那些发生概率大,后果严重的事件进行重点防范。企业可以采取以下防范风险的措施。

1. 降低市场风险的对策

以市场及消费者的需求为生产的出发点,时刻关注市场变化,善于抓住机会来满足消费者的产品需求;广泛收集市场情报,并加以分析比较,制订有效的市场营销策略;研究、分析竞争对手的优势和劣势,寻找突破点;对各种成本进行细化、量化的测算,杜绝不必要的费用;健全符合自身产品特点的销售渠道网络;充分了解各主管机关的职能及人员的构成情况;以良好、诚信的售后服务赢得顾客青睐。

2. 降低人事风险的对策

建立完善的雇员选择标准,综合考虑技术能力和团队协作能力两个因素;建立合理的信息沟通及汇报制度,使创业者能充分地、迅速地、准确地掌握员工及企业动态;建立完善的人事考核标准,公平、公正、全面地考核员工的工作业绩和对企业的贡献程度,在完善的人事考核标准的基础上建立合适的薪酬发放制度。除此之外,企业还应该考虑人员流动给企业带来的风险,因此,企业应该建立人才需求体系和人才资源库,以保证人员配备的充足和完整;记录并跟踪新雇员的情况,熟悉各个职员的素质及发展,做到人尽其才;友好对待并鼓励新员工,使其早日适应新环境,进入工作角色。

3. 降低财务风险的对策

为了应付财务风险,领导班子和财务人员要有适当的分工,还要提升自身的财务管理观念和技能,提高对财务预算与财务风险的把控能力。可以咨询相关专家和银行,帮助创业者以风险投资、典当投资、网络融资和租赁设备等方式选择最佳的资金来源以及选择最合适的时机筹措资金;建立完善的财务信息体系,督促相关工作人员做好财务报表等工作,加强对流动资金的管理;在企业内部进行财务知识普及工作,提高企业员工对财务管理的认识;提高资金的使用率,提高资源的利用效率,从而使得企业的发展能够取得较好的效果。

4.降低技术风险的对策

综合考虑企业自身的技术能力、资金量和所需时间，选择技术获得途径；若选择引进技术，则要在引进技术前对所引进技术的先进性、经济性和适用性进行评价；加强对职工的技术培训，提高员工对高科技设备的操作熟练度，以减少不必要的风险损失。

在技术开发的过程中，企业应加强技术管理，建立健全技术开发和管理的内部控制制度，对科技人员实行特殊的优惠政策，保证技术资料的机密性，以防范因技术人员离职和外调而引起核心技术流失，避免对公司的利益造成极大的损失。

案例分析　　　创业企业如何做好企业管理提高竞争力

宋志平：做管理，就是要精细到每一个岗位和过程

企业家都知道，要想做出一家全球500强企业，何其不易，但偏偏就有人能同时兼任两家央企的董事长，并将其双双送进世界500强，他就是人称"中国的稻盛和夫"的宋志平。

这样的一位企业家，想必身上一定有许多值得我们学习和借鉴的地方。

宋志平先生将从三个角度，为大家详细阐释他"三精管理"理念中管理精细化的具体实践方法。

精细管理是围绕降低成本、提高利润形成的一套管理理念。"精"针对质量，"细"针对成本，管理要精细到每一个过程和工作岗位，这是精细管理的核心内容。管理精细化聚焦降成本、提质量、增品种。实现管理精细化，一要用好工法，做好对标管理；二要全员参与，持续改进，两者缺一不可。

1.降成本：对标优化和辅导员制

管理精细化的第一个体现是降成本，中国建材集团有限公司（以下简称中国建材）所属各企业深入推广并实施"格子化管控""八大工法""六星企业""增节降工作法"等特色管理"组合拳"，全面落实成本费用节约计划和安全生产责任制，持续降本增效，管理水平实现了大幅提升。

以中国巨石集团有限公司（以下简称中国巨石）为例，过去十几年间，产业规模从数十万t提高到110万t。但它通过大力开展成本控制和技术创新，员工人数从12 000人降至8 000人，生产成本更是降低了1/3。

近几年来，尽管能源价格、劳动力成本上升，反倾销影响加剧，但中国巨石的经营业绩却逆势增长，每年节约成本超过2亿元。公司高端产品比例超过50%，国内市场占有率近40%，全球市场占有率超过20%。自主研发的产品，均属于全球的重大技术突破。

中国巨石还大力推进智能化，生产线上的不少环节都使用了机器人作业。我曾陪同一位国外的CEO参观中国巨石，他对中国巨石生产线的先进水平感到十分震惊。

（1）对标优化：变"相马"为"赛马"。对标优化包括对外对标、对内优化，核心内容是以行业和内部优秀企业为标杆，以关键绩效指标（KPI）为核心，定期对主要经济技术指标做对比、找差距，不断提升改进。对外对标，是指在日常经营中选择海内外一流的相关企业，定期对比同类数据，进行管理方面的学习。对内优化，是指在内部成员企业之间开展对标，逐步优化业务指标。就像袁隆平选种子一样，从大量的稻种中选一颗好的稻种。集团也会在众多企业中优中选优，不断发现并推广优秀的管理经验与方法，并迅速在同类企业内推广复制。当众多管理方法放在一起的时候，你会发现哪个更优秀，这就是集团的优势。

在对标优化机制的带动下，"伯乐相马"变成了"赛场赛马"。互相参照，既是一种激励，又是一种鞭策，形成比学赶帮超、先进带后进的良好氛围。在对标优化的实施过程中，我们还梳理了流程上的四大关键点，便于大家学习应用：①在全集团范围内培育绩效文化；②寻找表现突出的内外部标杆企业；③定期讨论、总结经验、形成模板、迅速推广；④落实提高，把经验与实际工作相结合。

（2）辅员制："点石成金"。中国建材也推行了辅导员制，有一整套实施机制：选拔和任用。

辅导员都是技能高超的"管理高手、市场能手、成本杀手"，大多选自标杆企业。通过培训，辅导员们会系统了解自身的工作任务和权责界限，提高解决实际问题的能力。组成辅导员小组，派驻企业。辅导员小组一般由5位专家组成，分别负责工艺、控制室（主控室）、采购、市场、现场管理等。针对不同的重组企业，辅导员小组的构成也会相应调整。值得注意的是，这些辅导员被派驻企业之后，并非要取代原有企业人员开展日常生产经营工作，而是帮助企业分析和解决重点、难点问题，在企业实现提升后就会有序撤出。

辅导员制之所以能发挥作用，是因为不单进行技术辅导，还通过系统的文化、制度和业务整合，让重组企业导入中国建材的核心价值观和经营管理理念，优化组织管理，建立、运行与业务协同体系相融合的经营管理制度体系。实际上，技术是好学的，最难的是复制统一的管理模式，而联合重组的关键正是所有企业能够达到管理有序、步调一致。

有人问：这些辅导员每个月能额外拿多少钱呢？其实，他们除了日常工资外，每月只有两三百元象征性的津贴。辅导员制之所以能够成功，并不是因为辅导员有多高的待遇，而是我们给了辅导员实现自我价值的平台。一些本来可能要在车间干一辈子的普通员工，因为做了辅导员，就可以跨越大半个中国，到另一个工厂传道授业，获得尊重，这本身就是一种自我价值的实现。

可见在企业管理中，收入待遇固然重要，但能激发兴趣更重要，要让大家活学管理，乐在其中，而不是成为额外负担。

这样的做法所产生的效果非常好，很多被辅导企业的管理水平迅速提高。比如原来的泰山水泥厂，收购前还是亏损的，收购后则通过中国建材辅导员的指导赚了钱。

2.质量上上、价格中上、服务至上

管理精细化的另一个体现是提质量，质量问题是重中之重。企业要生存，就得靠质量。

我是个严格看待产品质量的人。2019年，"全面质量管理推进暨中国质量协会成立40周年纪念大会"在京召开，在大会上，我和董明珠、雷军等企业家依次发表了演讲。我的演讲主题是"做企业要树立正确的质量观"，主要讲了三层意思。

（1）质量是一个国家发展水平的象征。现在，德国和日本产品在全球被公认为是高质量的象征。殊不知，当年他们都曾被视为劣质货。1887年，英国政府下令把所有德国产品都标上"德国制造"，以示和英国产品的区别。德国人为此卧薪尝胆，用了上百年时间一雪前耻，实现了质量和技术的腾飞。

20世纪50年代，丰田车在行驶过程中经常抛锚，美国在报纸上刊登了一幅几个人在费力推着抛锚的丰田车的漫画，底下的题目是"Made in Japan"，借此嘲讽日本汽车质量差。后来日本人决心要雪耻，聘请了美国质量专家戴明，并在石川馨等人的领导下开始在日本企业中推行全面质量管理。通过质量变革，日本用十几年的时间将产品质量做成了世界一流。

20世纪80年代，我去美国，到商场想看看中国的产品在哪儿，服务员说在地上的筐里，上不了架。现在，国外商场的货架上琳琅满目的都是"Made in China"，这说明中国制造的产品质量也提高了。

衡量产品质量最后还得回到品牌上，如果产品质量做不好，就会败坏品牌声誉；如果质量一贯很好，加上品牌宣传，就能产生很多国际品牌。瑞士只有

800万人口,人均GDP居然是7.2万美元,而且有很多知名品牌。2019年1月,我去达沃斯参加会议,利用两天时间专门深入瑞士企业参观考察,了解它们的品牌到底为什么能做得这么好。这些企业的负责人告诉我:"在瑞士公司,品牌计划、品牌战略是由企业的一把手负责的,一把手亲自管理品牌。"

(2)质量是企业的生命。我刚去北新建材当厂长的时候,有一次出口到韩国的一箱岩棉吸音板被提出退货,因为其中一块板上面踩了个脚印。我们干部说韩国人有点小题大做,一箱板好几千块,就这一块踩了脚印,又不影响装修。我却认为这是个大问题,迅速召开会议,做出了向货主道歉、赔偿、退换产品的决定,还亲手写了一份通报,对责任人进行罚款以示警醒。

从身为厂长的我罚起,1993年时我一个月的工资500元,就罚了500元,主管、生产厂长罚300元,车间主任罚200元,依此类推,工人不罚,因为无法查清是谁踩的。回家之后我跟爱人说,这个月工资没有了,被一个脚印罚没了。脚印踩在我们的产品上,就是踩在我们的金字招牌上。这件事后,北新建材的质量意识迅速树立起来了。通过持之以恒的努力,北新建材的产品质量技术性能指标均超过外资品牌产品,成为行业里质量管理的标兵。

(3)讲求质量是企业家基本的人生态度。我主张在质量上要有过剩成本,即把产品做得更好些。

企业领导在质量问题上的态度,关系到企业的生存和发展。从短期来看,可能一个新产品、新广告、新的促销手段就能赢得一时的市场。但从长期来看,一家企业的生存和发展就是靠质量,要做到质量一贯得好,服务一贯得好。

质量是品牌的基础,但并不是说有质量就一定有品牌。企业家应该有这样的意识,有工匠精神,提高产品质量是前提,但是做到了这些,不见得产品在市场上就一定能够赢得客户,这种片面的认识需要转变。

我国目前是制造大国,但还不是品牌强国。《福布斯》公布的2020年全球品牌价值排行榜里,前100家只有华为一家中国企业,这是有所偏颇的。我们要有一定的话语权,就必须有自己的品牌评价系统。

尤其在国内国际双循环的大背景下,我们首先要考虑国内的14亿消费者,然后再面向全世界,这一点也值得深入思考。

我曾多次去日本调研考察,他们把最好的产品用于国内消费者,因为国内消费者才是日本企业长期的消费者,国内市场才是它们长期的市场。而我们过去常把最好的产品出口,把普通的产品留给国内,出口转内销都意味着质量很好,现在必须要改变这些认识。

品牌问题还包含观念问题，最重要的是要增强对自己产品的自信。

德鲁克先生曾说，"21世纪的组织只能依靠品牌竞争了，因为除此之外，它们一无所有。"这句话说得非常好。

在这个时代，各种产品和技术的迭代都很快，一家企业能做的，其他企业很快也能学会，这就意味着，企业如果没有品牌，就一无所有。在这样一个转型时代，我们要从制造大国迈向品牌强国。

近年来，有一个热词叫"国潮"，这个提法非常好。中国的品牌在快速崛起，企业应该抓住风口，要把更多的心思放在品牌上。

企业要推动国内的品牌向高端化发展，增强在国际市场的影响力，我觉得有几项工作至关重要：

1）认真研究国际品牌形成的内在原因，提高我们对品牌的认知水平。我个人认为品牌其实是一种精神崇拜。

2）制定品牌战略，把品牌工作作为企业重中之重的工作。

3）大力弘扬创新精神和工匠精神，用硬核科技和完美质量树立中国制造的良好形象。

4）树立创造自主品牌的自信心，整体设计，协调联动，由优秀企业带头，让更多企业跟进，积极宣传和维护自主品牌，讲好中国品牌的故事，提高全球市场对中国企业和产品品牌的认可度。

5）加大品牌的投入。品牌塑造是个长期过程，也是个需要大量投入的大工程，企业要重视品牌工作，要下得了决心加大品牌投入，当然也要进行精心设计，好钢用在刀刃上。

3. 增品种，细分市场，提高盈利

管理精细化的第三个体现是增品种，企业要在细分市场精耕细作，多做品种。《雪球为什么滚不大》一书通过大量案例分析发现：大公司发展到一定程度后，增长往往会陷入停滞，一旦成长止步了就会衰败，所以做企业应考虑如何稳定增长。书中特别提到，企业增长停滞的一个重要原因是早早放弃了核心业务：没有充分挖掘核心业务的增长能力，也没能调整商业模式以适应新的竞争需求。

事实证明，即便在不太景气的大型市场中，企业通过关注增长较快的细分市场，仍能获得较高增长，在一个有空间的大行业里，即使行业出现下行，也不应轻易离开。

像当年沃尔沃公司认为汽车行业衰退了就跑去搞航空业务，结果航空业务没有做成，汽车业务也严重萎缩，后来被吉利收购了。而丰田汽车一直坚守汽车业务，如今是世界上最赚钱的汽车公司之一。

　　法国的面包闻名于世，其原材料里仅面粉的品种就有100多种。日本的水泥行业有100多种特种水泥，每种水泥都有不一样的用途，产品附加值自然也会不一样。

　　中国建材依托雄厚的科技实力，大力开发特种水泥，满足了我国国防、石油、水电、冶金、化工、建筑、机械、交通等行业工程建设的需要。

　　近年来，水泥产品还出现了艺术化倾向，在荷兰、日本等国家，很多建筑及室内用品都是用清水混凝土做的，漂亮极了。

　　因此，水泥企业不能只围着窑炉转圈，要想办法把水泥做出花样来，要增加附加值，实现产业链的延伸和产品的升级。

资料来源：作者：宋志平　华章管理　2021-05-12

阅读思考

创业企业如何从以上的管理中学会控制成本，增强竞争力？

项目八　创业融资管理和创业财务管理

学习目标

1. 创业融资有哪些类型？如何进行融资管理？
2. 创业财务预算怎么做？如何解读创业财务报表数据？

任务一　创业融资管理

一、创业融资概述

创业企业的发展过程一般包括产品生产、品牌经营和资本运营等阶段，从资本的视角来看，就是一个融资、发展、再融资、再发展的过程。资金是新创企业维持正常生产和经营活动的必要条件。

创业融资是指企业从自身生产经营状况及资金运用情况出发，根据未来发展的需要，采取一定的渠道和方式，从企业外部或者内部筹集资金的一种经济活动，是创业者和创业团队在创业企业孕育期、创立期和成长期科学、合理地筹集资金的过程。

二、创业融资的意义

多数新创业企业在早期需要筹集资本，主要有现金流挑战、资本投资和漫长的产品开发周期等三个方面的原因（见图8-1）。

> **现金流挑战**
>
> 销售活动产生现金之前，必须购买存货，必须培训员工与付薪酬，必须支付广告费等

> **资本投资**
>
> 购买厂房、购置设备的成本，超过了企业依靠自己为这些需求提供资金的能力

> **漫长的产品开发周期**
>
> 有些产品产生收益之前会处于开发状态。前期成本常常超过企业依靠自己为这些活动提供的资金能力

图8-1　早期融资的原因

创业融资是公司资本运动的起点，也是公司首日分配赖以遵循的基础。足够的资本规模，可以保证公司投资的需要；合理的资本结构，也可以降低和规避融资风险；融资方式的妥善搭配，可以降低资本使用成本。

创业融资是创业企业将技术转化为生产力并且创造经济价值的基础，也是创业企业形成和提升社会资源、获取人力资源的必要手段。在创业企业初创期存在一定时期的资金回笼空白期，创业者如缺乏相应的应对措施，则极有可能使项目破产。

通过融资，企业能够渡过困难、扩大生产。创业融资是创业企业经济活动的第一推动力。很多创业企业发展中遇到的最大障碍是融资困境。在创业阶段，据统计90%以上的初始资金都是来源于主要的企业领导人/企业创始者、创业团队成员及其家庭的支持，银行贷款和其他金融机构或非金融机构的贷款比较少。

创业融资可以提升公司的价值。公司融资理论认为，增加负债可以取得财物杠杆效益，由于公司支付的财务利息可以计入财务成本而避免交税，债权资本成本低于股权资本成本。然而，也不是负债率越高越好，因为负债率提高时，公司价值会增加，上升到一定程度后公司价值因破产风险和代理成本的增加反而会下降，所以公司资本结构要合理化。

创业融资影响着公司治理结构的功能和运行绩效。现代公司的一个重要显著标志是公司资金来源的外部性，由此产生了股权和代理问题。现代资本结构理论提出，最优融资模式形成的资本结构是代理成本最小的资本结构，此时治理结构也是最优化的。公司可以通过特定的融资模式，达到股权和债权的合理配置，以降低代理成本，保证公司治理结构的功能和运行绩效。

三、创业融资的关键要素、类型和选择策略

（一）创业融资的关键要素

创业融资是创业企业成长发展的关键环节，包含了制定融资目标、编写融资计划

书、确定融资来源和融资谈判等关键要素。

（1）制定融资目标。因企业融资需要成本，创业者要明白企业需要多少钱，哪些地方需要钱，再去融资。创业企业制定融资目标要考虑两个方面的资本因素：固定资本，即材料、设备、厂房、产品、原材料等；运营资本，即水电费、工资、各种日常办公开支等。

（2）编写融资计划书。一份好的融资计划书是获得贷款的关键，高品质的融资计划书，会使创业者更快、更好地了解投资项目，也会使投资人对项目更有信心，最终达到为项目筹集资金的目的。

（3）确定融资来源。创业者可以根据自己的人脉和资源初步筛选融资对象，例如银行、政府、担保机构、天使投资者等。

（4）融资谈判。这是获得融资的关键一步。无论商业计划书写得多好，对于企业的前景多么看好，谈判前都要做好充分准备，谈判时要表现出信心，让投资者知道投资这家企业将会获得的利润和好处，同时创业者也要提高谈判技巧，搜集相关资料，提高谈判成功率。

（二）创业融资的类型

权益融资意味着使用部分企业所有权（通常采用股票形式）换取融资，天使投资人、私募资本、风险投资和首次公开上市是权益融资最重要的类型。权益融资不像债务融资需要偿还收到的资金，权益投资者成了企业的部分所有者。权益投资者的要求比较苛刻，他们更看重企业的独特商业机会、高成长潜力、明确界定的利基市场以及得到证明的管理层的企业才是理想型候选企业。

新创企业还可以通过债务融资也就是通过银行以及非金融机构获得贷款。债务融资最常见的就是来自商业银行的贷款，一般来说银行贷出的款项需还本付息，因此银行家对降低风险、适当的抵押物和债务偿更感兴趣。银行贷款的理想企业是那些拥有强大现金流、低负债率、经审计的财务报表、优秀管理层与健康的资产负债表的企业。

1. 天使投资

天使投资是自由投资者或非正式风险投资机构对原创项目构思或小型初创企业进行的一次性前期投资。"天使"最早是19世纪早期美国纽约百老汇进行风险性投资以支持歌剧创作的投资人的一种美称。现在，天使投资人特用来指用自由资金投资于早期创业企业的富裕的个人投资者。天使投资也是风险投资的一种，他们都是提供追加价值的长期权益投资，主要以高风险收益、具有巨大增长潜力的科技型创业企业为投资对象，并在适当的时机以股权套现的形式退出投资，获得投资回报。

2.风险投资

风险投资（Venture Capital）起源于15世纪的英国、西班牙和葡萄牙等西欧国家创建远洋贸易企业时期，至19世纪的美国西部创业潮，风险投资一词开始在美国盛行。风险投资是通过投资高风险的高新技术领域的中小型新创企业，期待借助成功投资将投资者权益变现以获得较高收益的投资方式。风险投资主要表现在三个方面：①以股权方式投资于具有高增长潜力的未上市公司，从而建立起适应创业内在需要的"共担风险、共享收益"的机制；②积极参与所投资企业的创业过程，从而弥补所投资企业在创业管理经验上的不足，同时控制企业投资的高风险；③不经营具体产品，而是以整个创新企业作为经营对象，通过支持创建企业并在适当时机转让所持股权，获得未来资本增值的收益。不同阶段或轮次的风险投资见表8-1。

表8-1　不同阶段（或轮次）的风险投资

阶段（或轮次）	投资目的
种子投资	在企业生命很早时期的投资，用来为开发产品原型或可行性分析提供资金
初创投资	对那些可能显示出少量商业销售的企业进行的投资，此时企业产品开发与市场调查已完成。管理层全部到位，而且企业已经发展出商业模式，投资被用来启动生产
第一阶段投资	该阶段投资发生在企业已经开始商业化生产和销售，但需要追加融资以提升生产能力的时候
第二阶段投资	该阶段投资发生在企业成功销售出产品但需要扩张生产能力和市场的时候
麦则恩投资	股票公开上市或进行并购之前，向企业投资以提供进一步扩张或满足财务需求的投资
并购融资	提供资金，以帮助一家企业收购另一家企业

风险投资具有下述特征：

（1）高风险与高收益并存。风险投资不同于一般的金融投资，风险投资通常在没有任何抵押和担保的情况下，把资本投给市场前景不确定的高新技术项目或新创企业，新创企业的信息透明度较低，高新技术项目具有独创性、开拓性、不成熟性和不稳定性的特征，风险投资的风险程度非常高。但是，高收益与高风险往往是正相关的。

（2）投资对象特定化。风险投资人青睐的投资对象多为具有未来成长潜力、能成功运营的高科技创业型企业，这类企业往往拥有创新意识的人才、开拓性的技术和前沿性的项目。

（3）权益化投资形式。风险投资是投资者通过资金的资产购买拥有融资企业的股权，通过管理、咨询等专业服务，提升融资企业价值，从而使资本增值。投资者的根本目的在于投资的终极阶段，风险投资通过转让股权的形式，回收投资资本，获取投资收益。

（4）专业性投资资本。风险投资家对于新创企业不仅是投资者，还是重要的运营管理者，风险投资家为了能尽快收回投资，获取高额利润回报，不仅给新创企业提供资本支持，而且还提供企业管理、市场定位、财务咨询等专业资本增值服务。

投资周期长。根据企业发展阶段融资特征分析可知，企业的种子期、初创期，甚至成长阶段的前、中期，创业者所依赖的主要外部融资渠道是风险投资。

3.首次公开上市

权益融资通过发起首次公开上市（IPO）向公众出售股票，在企业上市后，它的股票要在某个主要股票交易所挂牌交易，这些科技、生物技术和小企业通过IPO上市后获得相当的资金，可以用于企业的扩大再生产以及企业后续的并购和占领市场。企业通过上市提升了企业的公众形象，使企业易于吸引高质量客户、联盟伙伴和员工。首次公开上市是一个流动性事件，能为企业股东（包括投资者）提供将投资变现的机制；通过公开上市，企业可以用股票等非现金形式支付购买另一家企业的款项，促进企业成长。

4.银行信贷

商业银行为企业提供的贷款是各类企业重要的资金来源。银行贷款型式多种多样，主要包括各种短期和中长期贷款。银行的贷款方式主要有抵押贷款、担保贷款和信用贷款等。因为贷款利息是银行最主要和直接的收益，银行对贷款客户的管理十分严格。由于新创企业没有在银行建立信用体系，用于抵押的资产也很少，这样就会使新创企业较难取得银行的商业贷款。

5.政策性融资

政策性融资是创业者可以利用的有力工具。我国各级政府为优化产业结构，促进高新技术成果产业化，针对新创企业，提供了大量的政策性支持资金，通常包括利用财政补贴、贴息贷款、优惠贷款、税收贷款政策以及一些专项资金的方式为创业企业成长提供支持。由于相关政策的支持和保护，所以政策性融资方式的融资价格和融资规模相较其他融资渠道具有可靠、使用成本低等优越性。在不同发展阶段，只要新创企业符合国家和地方的产业政策，就可以通过此种渠道进行融资。目前这类优惠资金主要包括再就业小额贷款、科技型新创企业技术创新基金、新创企业国际市场开拓资金和地方性优惠政策等。

近年来，国家大力倡导创新创业，从中央到地方各级政府出台了一系列相应的创业扶持政策，设立多种专项基金，例如科技部的"专项扶持基金""创新鼓励基金""863计划基金"，特别是针对大学生创业的YBC专项基金，即"中国青年创业国际计划"。

（三）创业融资的选择策略

在创业企业的不同阶段可以进行不同的融资组合，合理、有效的融资组合能够分散、转移风险,同时降低企业融资成本和债务负担。

(1)种子期融资选择。创业者在种子期需要投入资金研发新产品、购买新设备,进行企业运营,企业在无销售收入或较低收入、盈利不强的情况下,风险承担能力小,商业银行往往拒绝向其发放商业贷款。创业者最重要的资金来源是自由资金、亲友资金支持。此外,一些天使投资者也可能对高成长的企业注入资金。因此新创企业需要在种子期撰写好创业计划书,争取投资者的青睐。

(2)启动期融资选择。在启动期,随着企业产品市场开拓的加大,资金需求量急剧上升,担保机构、风险投资机构往往是这个阶段最重要的资金来源。

(3)成长期融资选择。随着企业销售业绩激增,为了扩大生产线,实现规模经济效益,企业需要大量外部资本进入,此时可利用现有的商誉和资产抵押进行股权融资,也可以选择商业银行贷款,做好债权和权益融资的均衡化,调整好企业的资本结构。

(4)扩展期融资选择。企业迅速扩张,风险随着业绩、口碑的建立逐渐降低,进入企业稳定发展阶段,此时专门为创业企业融资服务的创业板市场也愿意为其提供支持,可根据各企业状况选择在公众市场上筹集发展所需资金。

创业公司如何估值

估值是很多创业者在融资中尤为纠结和关注的问题。它的高低直接决定了公司能够融到资金的额度和出让股权的额度,值得每位创业者深思熟虑。

估值并非像课本里的数学题一样,在套用一些公式后可以得到一个精确的标准答案。对于未上市公司,尤其是初创公司而言,它是一项科学性和灵活性兼容的事情,需要根据公司情况和融资轮次自如应变。在本篇文章中,让我们一起了解创业公司几种常见的估值方法。

1.无收入初创公司估值:计分卡

很多寻求融资的初创公司往往还没有收入,而计分卡就是针对这种公司的一种估值方法。投资人将目标公司与典型的、获得天使投资的初创公司进行对比,并通过主观权重评估目标公司各方面条件,以确定公司的融资前估值。

(1)确定目标公司同行业、同地域的无收入初创公司的平均融资前估值。这种估值会随经济情况和行业内的竞争环境而变动,但在大部分情况下,不同行业的初创公司融资前估值差异不大。假设无收入初创公司的融资前估值为100万~200万美元,平均值为150万美元。

(2)投资人会列出5~7项关键要素并根据成功潜力给每个要素分配权

重。这些要素一般包括团队质量、市场大小、产品技术、竞争环境、销售渠道、客户反馈等。

通常来说,投资人给团队的权重高于产品、技术和市场机会的权重。很多投资机构在评估公司时会把人的因素作为最重要的考核指标,尤其针对初创公司。

(3)投资人会将目标公司与同行公司的平均情况进行比较,并对每一要素进行打分。例如,一家公司拥有平均水平的产品和技术,该项的打分可以用100%表示。每一要素的最终分值是通过将权重和目标公司水平的百分比相乘得到的,见表8-2。

表8-2　计分卡估值示范

对比要素	权重/(%)	目标公司水平/(%)	分值
创始人及团队	30	125	0.375
市场机会大小	25	150	0.375
产品及知识产权	15	100	0.150
竞争环境	20	75	0.075
市场/销售/合作伙伴	20	80	0.080
后续融资	5	100	0.050
其他(客户反馈)	5	100	0.050
合计			1.075

在该例子中,将合计的总分(1.075)和平均融资前估值(150万美元)相乘,就得到目标公司融资前估值:161万美元。

计分卡估值法的关键在于某地区无收入初创公司的融资前估值平均水平。掌握这个数据后,早期投资人可以对目标公司进行主观的估值调整,创业者也可以用这个工具准备与投资人进行估值谈判。

2.发展期公司估值:可比公司法

当买房时,人们会把周围类似的房子放在一起比较,而投资公司也是一样。简单而言,可比公司法就是借助其他上市公司的财务数据,来估算非上市公司的价值。

可比公司法的第一步是挑选与目标公司同行业可参照的上市公司,用该公司的股价与财务数据计算出财务比率,用作公司价值乘数。目前公司价值乘数的选择有市盈率(P/E)、市净率(P/B)、市销率(P/S)等三种,其基本公式为

市盈率(P/E)=股价/每股净收益=公司总市值/公司利润

市净率(P/B)=股价/每股净资产=公司总市值/公司净资产

市销率(P/S)=股价/每股销售额=公司总市值/公司销售额

（1）P/E法。在国内的风险投资市场中，P/E法是最常见的估值方法，适合盈利、发展期的公司。市盈率通常有以下两种：

历史市盈率＝当前市值/公司上一个财务年度的利润（或前12个月的利润）

预测市盈率＝当前市值/公司当前财务年度的利润（或未来12个月的利润）

投资人关注的是一家公司的未来，对公司未来的经营能力给出当前价格，因此，P/E法估值的计算公式是为

公司价值＝预测市盈率×公司未来12个月的利润

一般来说，预测市盈率是历史市盈率的一个折扣。假设某行业的平均历史市盈率是40，那么预测市盈率大概是30。对于行业中规模相似的非上市公司，参考的预测市盈率需要再打个折扣，即15～20。而对于规模较小的初创公司，预测市盈率就更低，大概是8～10。这就是目前国内主流的风险投资机构在估值时参考的市盈率倍数。

同样以该行业为例，假设某初创公司预测融资后下一年度利润是1 000万元，公司的估值便是8 000万～1亿元。如果风险投资机构投资2 000万元，公司出让的股份则是20%～25%。

（2）P/B法。这种方法侧重于从资产本身的盈利能力来体现公司价值，规避了P/E法只看一个会计周期的问题，适合评估制造业等资产密集、周期较明显的企业。

假设航空业的平均市净率是3，而某航空公司的资产账面价值是10亿元，那么按P/B法，该公司的估值是3×10亿=30亿元。

不过P/B法的局限也很明显。首先，它忽略了净资产收益率（ROE）的差异，而ROE能够衡量公司对资产的使用效率，在很大程度上反映了公司的实力。其次，市净率具有显著的个体差异性，在使用时需要谨慎。

（3）P/S法。很多初创公司有收入但没有利润，甚至在未来多年也难以实现正向的预测利润，这时便适合用P/S法估值。以互联网公司为例，假设公司月活跃用户数（MAU）达到1 000万人，单用户年收入（ARPU）为5元，而市销率是10倍。那么按P/S法，该公司的估值是10×5 000万=5亿元

显然，这种估值法仅考虑了公司的收入情况，没有考虑成本和净资产等要素，因此无法准确评估大部分盈利的企业，更适用于初创公司。

3.发展后期/成熟公司估值：现金流贴现法（DCF）

这是一种绝对估值法，适用于较为成熟、发展偏后期的公司。企业运营的核心是创造为消费者带来价值的产品或服务，而这些产品或服务能给企业带来

现金流。也就是说，一家公司的内在价值取决于未来能产生的现金流。DCF通过把公司未来特定期间内的预期自由现金流还原为当前现值，从而对公司进行估值。其计算公式为

$$DCF = \frac{CF_1}{(1+r)^1} + \frac{CF_2}{(1+r)^2} + \cdots + \frac{CF_n}{(1+r)^n}$$

式中：CF为公司每年的预测自由现金流；r为贴现率或资本成本。简单来说，自由现金流就是在不影响公司持续发展前提下，可供公司资本供应者（股东、债权人等）分配的最大现金。用会计公式可以表示为

自由现金流=（税后净营业利润+折旧摊销）-（资本支出+运营资本增加）

贴现率主要根据公司未来风险来判断。当公司未来收益风险高时，贴现率也高；当未来收益的风险较低时，贴现率也低。通常寻求种子资金的初创公司贴现率为50%~100%，早期创业公司贴现率为40%~60%，中后期创业公司贴现率为30%~50%，而成熟公司贴现率为10%~25%。

如果一家公司业绩比较稳定，产品或服务能够长期存在，且不需要大量长期的资本开支，我们可以用DCF预测其未来现金流进行估值。反之，一家不确定性大，高负债运营，现金流忽高忽低的公司则不适合用DCF估值。

资料来源：刘启明 今日头条 2022-03-01

阅读思考

在创业中，从天使投资到IPO，如何获得相应的投资？

任务二 | 创业财务管理

创业者进行机会识别并把机会转变为企业的存货能力，与资本的可得性密切关联。如果不考虑产品或服务的质量，一家企业能够存活下来的前提是必须在财务上实现成功的管理和运作。资本既可以从外部获取，也可以通过公司的收入内部生成。对一家企业而言，牢牢把握住企业财务状况至关重要。

一、财务管理的内容和目标

1.财务管理的内容

在连续经营基础上,一家企业应该意识到自己在银行有多少存款,能否满足负债要求。如果企业销售的货款还需一段时间收回,则企业在经营期间购买原材料、半成品及应付企业的正常运营,例如员工的工资,以及偿还银行借款等都需要进行科学化的管理。

企业财务管理一般要处理以下问题:

(1)企业经营如何?是盈利还是亏损?

(2)企业现在有多少现金?

(3)企业有足够的资金来偿还短期债务吗?

(4)企业资金使用效率高吗?

(5)企业与产业内其他竞争者相比较,成长和利润率如何?

(6)企业需要从何处获得用来发展的资本?

(7)企业是否有办法与其他合作企业,共同分担风险或减少所需的现金数量?

2.财务管理的目标

大多数创业企业包括初创企业都要面对盈利性、流动性、效率和稳定性等4种主要财务目标(见图8-2)。

(1)盈利性是企业赚取利润的能力。许多新创企业在成立的最初几年需要培训员工并树立品牌形象,有时并不会盈利,但企业必须能够盈利,这样才能保证企业的正常运营和向所有者提供回报。

(2)流动性是企业偿还短期债务的能力。即使企业能够盈利,也必须保证在银行有足够的存款,用来满足日常债务需要。因此,企业也时刻关注应收账款和存货的时间和金额。应收账款一般是企业的销售收入,如果不能及时收回,将影响企业的正常经营。存货指企业的原材料、半成品及待售的成品,如果此项过高,就可能面临着产品得不到市场认可的问题。

(3)效率是企业利用其资产的生产率水平。由于投资者面临着机会成本,企业也要时常关注生产率水平。

(4)稳定性是企业整体财务状况的活力与实力。具有稳定性的企业,不仅能够赚取利润和保持流动性,而且能控制企业债务,掌握好企业合理的基本资本结构。

盈利性	流动性	效率	稳定性
企业赚取利润的能力	企业偿还短期债务的能力	企业利用其资产的生产效率	企业整体财务状况的活力与实力

图8-2 主要的财务目标

财务管理的过程就是企业通过准备和分析财务报表来了解企业过去的财务绩效,这些财务报表反映了企业的财务记录,可以显示企业的资产、负债和所有者权益的具体结构(资产负债表),有多少盈利或亏损(利润表)及现金的来源和去向(现金流量表)。通过纵向和横向对比可以了解企业历年发展状况以及和同行竞争者的对比情况。在分析往年财务报表的基础上,结合相关实际因素,如市场占有率、市场规模变化、产品竞争情况、原材料成本、人力成本以及资金成本等来预测企业未来的财务报表,如图8-3所示。

图8-3 财务管理过程

二、资产负债表

一个新成立的企业,最初获得的资金来自所有者的投资和银行的借款两部分。银行通过提供贷款而获得债权,成为债权人。

我国资产负债表的表头部分包括报表名称、编制单位、编制日期和金额单位等内容。一般而言，资产负债表是一张静态报表，反映的是一家企业月末、季度末和年末的资产负债和所有者权益情况（见表8-3）。

资产负债表是利用会计恒等式进行编制的，即

$$资产=负债+所有者权益$$

表8-3 资产负责表

编制单位：XXX股份有限公司　　　　　　　　　　　　202X年12月31日　（单位：元）

项 目	期末余额	期初余额
流动资产		
货币资金	10 200 450.06	173 169 549.73
交易性金融资产	——	——
衍生金融资产	——	——
应收票据及应收账款	324 594 943.76	824 575 386.90
应收票据	——	88 568 429.14
应收账款	324 594 943.76	736 006 957.76
预付款项	10 110 395.37	27 516 618.78
应收利息	——	——
应收股利	——	——
其他应收款	13 905 4809.39	44 993 319.88
买入返售金融资产	——	——
存货	76 399 037.29	658 799 824.21
划分为持有待售的资产	——	——
一年内到期的非流动资产	——	——
待摊费用	——	——
待处理流动资产损益	——	——
其他流动资产	184 597 937.08	99 081 148.24
流动资产合计	619 808 243.95	1 828 135 847.74
非流动资产		
发放贷款及垫款	——	——
可供出售金融资产	91 410 000.00	146 344 390.46
持有至到期投资	——	——
长期应收款	——	——
长期股权投资	4 078 186.38	202 974 415.15
投资性房地产	——	——
固定资产净额	28 384 702.46	42 687 301.34
在建工程	——	——
工程物资	——	——
固定资产清理	——	——
无形资产	261 471 320.63	231 414 144.04

续　表

项　目	期末余额	期初余额
开发支出	——	35 721 279.38
商誉	135 064 002.12	155 760 078.82
长期待摊费用	4 180 720.23	4 810 111.85
递延所得税资产	92 702 538.01	275 022 401.77
其他非流动资产	5 037 819.74	28 888 537.44
非流动资产合计	622 329 289.57	1 123 622 660.25
资产总计	1 242 137 533.52	2 951 758 507.99
流动负债		
短期借款	228 976 378.17	375 190 289.92
交易性金融负债	——	——
应收票据及应付账款	1 466 142 912.74	1 005 152 491.79
应付票据	——	——
应付账款	1 466 142 912.74	1 005 152 491.79
预收款项	26 807 233.68	49 044 562.44
应付手续费及佣金	——	——
应付职工薪酬	54 149 379.60	39 167 509.83
应交税费	6 003 497.81	16 355 032.95
应付利息	972 990.73	4 831 990.88
应付股利	213 743.15	165 649.11
其他应付款	258 028 853.30	174 110 151.47
预提费用	——	——
一年内的递延收益	——	——
应付短期债券	——	——
一年内到期的非流动负债	27 313 489.90	205 983 803.40
其他流动负债	12 662 338.08	6 273 726.46
流动负债合计	2 081 270 817.16	1 876 275 208.25
非流动负债		
长期借款	——	——
应付债券	——	——
长期应付款	——	18 163 878.54
长期应付职工薪酬	——	——
专项应付款	——	——
预计非流动负债	2 362 684.78	579 391.89
递延所得税负债	——	——
长期递延收益	11 705 415.62	19 568 005.48
其他非流动负债	——	——
非流动负债合计	14 068 100.40	38 311 275.91
负债合计	2 095 338 917.56	1 914 586 484.16

续 表

项　目	期末余额	期初余额
所有者权益		
实收资本（或股本）	327 713 037.00	327 976 583
资本公积	401 859 962.48	369 757 743.48
减：库存股	35 038 293.90	55 005 185.78
其他综合收益	-173.92	463.67
专项储备	——	——
盈余公积	55 005 185.78	55 005 185.78
未分配利润	-725 305 233.17	369 916 932.11
归属于母企业股东权益合计	24 234 484.27	1 066 684 360.84
少数股东权益	-877 435 868.31	-29 512 337.01
所有者权益（或股东权益）合计	-853 201 384.04	1 037 172 023.83
负债和所有者权益（或股东权益）总计	1 242 137 533.52	2 951 758 507.99

资产负债表上的内容是按照资产、负债和所有者权益这三种会计要素及其各个项目顺序列示，我国企业的资产负债表中资产项目和负债项目是按照流动大小进行列示的，即流动性越强的资产排列越靠前，流动性越强的负债排列越靠前，所有者权益则是按照永久程度排列的，越永久的排列越靠前。

1.资产

资产是指企业过去的交易或者事项形成的，由企业拥有或者控制的，预期会给企业带来经济利益的资源。流动资产是指预计在一个正常营业周期内变现、出售或耗用的，或者主要为交易目的而持有的，或者预计在资产负债表日起一年内（含一年）变现的资产，主要包括：货币资金、交易性金融资产、应收及预付款项、应收利息、应收股利和存货等；非流动资产是指除流动资产以外的资产。资产负债表中列示的非流动资产通常有长期股权投资、固定资产、无形资产、长期待摊费用等。

（1）货币资金：包括库存现金、银行存款和其他货币资金。

（2）短期投资：包括企业购入的能够随时变现并且持有时间不准备超过一年的股票、债券和基金投资项目。

（3）应收账款：包括商业交易性质的应收票据和应收账款，还有非商业交易性质的其他应收款、应收利息和应收股利等。应收票据表示企业因销售未到期也未向银行贴现的应收款，包括银行承兑汇票和商业承兑汇票；应收账款则是因销售商品或提供劳务等日常生产经营活动应该收取的款项。应收票据和应收账款都是因赊欠销售或服务而产生的。

（4）预付账款（预付费用）：是指企业在使用相应服务或权利前预先支付的款项

或费用，例如预付的保险费、房产租金和预付购货款等。

（5）存货：是指企业在日常活动中持有以备出售的产成品或商品、处在生产过程中的在产品、在生产过程或提供劳务过程中耗用的材料和物料等。

（6）固定资产：是企业生产经营过程中的重要劳动资料，它能够在若干个生产经营周期内发挥作用并保持原有实物形态不变，但其价值则由于损耗而逐渐减少，这部分减少的价值以折旧的形式，分期转入成本费用中，并通过销售予以回收补偿。小企业一般不购置房产和大型设备，往往是通过租赁经营用的房屋和设备，经营租赁的房屋建筑物并不在承租企业的资产负债表上列报，但是融资租入的设备在租赁期作为固定资产列报。所有企业一般都会购买计算机、打印机、办公家具和交通工具等固定资产。

2. 负债

负债是企业过去的交易或者事项形成的，预期会导致经济利益流出企业的现时义务。负债分为流动负债和非流动负债。流动负债是预计在一个正常营业周期中清偿，或者主要为交易目的而持有，或者资产负债表日起一年内（含一年）到期予以清偿的负债。资产负债表中列示的流动负债项目通常包括短期借款、应付及预收款项、应付职工薪酬、应交税费、应付利息等；非流动负债是指除流动负债以外的负债，主要包括长期借款、应付债权、长期应付款等。

（1）短期借款和长期借款：企业向银行借入的期限在一年以内和超过一年的尚未偿还的各种借款本金都列入相关项目，这两个项目都有确定的利息成本，企业在介入前要认真测算利息成本对财务报表产生的影响和借款后的实际影响，包括资产负债表上本金和应付利息以及是否资本化的列报、利润表的财务费用和税费及税后净利的影响额、现金流量表的现金流出的影响等。

例如，一家创业公司A已有50万元的权益资本，税前利润为12.5万元，所得税率为25%；现该公司准备扩大规模，需追加50万元资金，并使税前利润增加到25万元（见表8-4）。现有两个融资方案可供选择：方案一是取得借款，利率10%；方案二是增发股本，红利支付率10%。

表8-4 A公司融资方案测算表

（单位：万元）

项　目	追加资金前	追加资金后	
		增发股本	借款
股本金	50.00	100.00	50.00
借款额	——	——	50.00
息税前利润	12.50	25.00	25.00
减：利息支出（10%）	——	——	5.00

续 表

项 目	追加资金前	追加资金后	
		增发股本	借款
税前利润	12.5	25.00	20.00
减：所得税费用（25%）	3.12	6.25	5
净利润	9.38	18.75	15.00
每股收益（=净利润/股本金）	0.18	0.18	0.30

（2）应付票据和应付账款：这两个流动负债项目通常是因商业交易活动而产生的，应付票据是企业采用银行承兑汇票或商业承兑汇票等结算方式的欠款。商业汇票上有明确的交易金额、付款日期，有些票据还有利息。应付账款是在商业信用下的赊购或接受劳务所欠供货商的债务。

（3）预计负债：是根据会计的谨慎性原则确认的现已发生的尚未支付、未出票但以后才支付的事项，包括对外提供担保、未决诉讼、产品质量保证、重组义务以及固定资产和矿区权益弃置义务等产生的预计项目。

（4）递延收益：这个项目是政府给予企业或新创企业的政府补贴款，一般当期企业收到了补贴款，但要在以后分期计入损益。例如，补贴款用于重大扶持项目，周期一般超过3～5年摊销，或用于购买重要的高精机器设备，整个生产过程在以后时期分期计入损益（通常是"营业外收入"项目）。

3.所有者权益

所有者权益是企业资产扣除负债后，由所有者享有的剩余权益，企业的所有者权益又称为股东权益。所有者权益是所有者对企业剩余的资产索取权，它是企业的资产扣除债权人权益后应由所有者享有的部分，既反映了所有者投入资本的保值增值情况，又体现了保护债权人权益的理念。所有者权益包括实收资本、资本公积、盈余公积和未分配利润等项目。

投资者对企业一般有两个途径：一个途径是缴入资本，也就是向企业注入资金，注资的方式一般都是现金，也有设备、房屋和货物等固定资产以及特许经营权、专利权等无形资产，还有的是股权投资方式；另一个途径是留存收益，企业获得的净利润要按照法定的要求和自身发展的需要从净利润中留下相当的一部分作为盈余公积金，还要留出一部分净利润暂时不做任何安排，留作以后补亏、结转盈余公积金和分配红利或股利积存资金。

（1）实收资本或股本：是企业收到的投资者按照合同协议约定或相关规定投入的构成注册资本的部分。

（2）资本公积：是所有者的共有资本或准资本，是投资者投入资本超过注册资本的那部分。资本公积通常包括资本溢价或股本溢价和其他资本公积。一般有限责任公司初始创立时，投资人都是按照合同约定的注册资本所占份额出资，一般不会出现资本溢价问题。在经营一段时间后，企业需要扩大规模则会吸纳新的投资人增资，但其投资额不能与当期的所有者的投资资本相提并论，因为企业创立时的资本是风险最高的资本，贡献度最大。因此，新加入的投资人要想占有一定的注册资本份额，必须投入更多，超过其在企业注册资本中所占份额的那些部分资本就是资本溢价。

（3）留存收益：一个企业交纳所得税后的利润属于所有者，所有者既能将这部分利润支付给自己，也可以把利润留在企业内，支付的利润称为"分红"，保留在企业的利润称为"留存"。留存收益可以理解为内部形成资本，包括法定盈余公积、任意盈余公积和未分配利润三个项目。

法定盈余公积是指按照《公司法》的规定，根据企业净利润和法定比例计提的盈余公积。法定盈余公积主要用于企业扩大生产经营的规模，也可以用于弥补企业亏损或转增资本。

企业在计提了法定盈余公积后，还可以根据需要，计提任意盈余公积，任意盈余公积的计提比例由企业自行确定。任意盈余公积的用途与法定盈余公积相同，企业在用盈余公积弥补亏损或转增资本时，一般先使用任意盈余公积，在任意盈余公积用完后，再按规定使用法定盈余公积。

未分配利润是指企业实现的净利润中留下的不做任何分配的利润，企业多用于以后年度向投资者分配红利。

三、利润表

利润表，也称作损益表、收益表，反映的是企业在一定时期取得的经营成果和其他结果。从利润表可以解读企业在一定时期赚取的收入和发生的各项成本费用及两者配比后形成的净利润或净损失，见表8-5。

表8-5　合并利润表（摘要）

编制单位：XXX股份有限公司　　　　　　　　　　　　202X年12月31日（单位：元）

项目	期末余额	期初余额
一、营业收入	6 818 938 622.38	2 361 244 730.86
减：营业成本	5 828 133 468.42	1 668 684 007.47
营业税金及附加	56 848 870.42	25 921 973.17
销售费用	489 035 465.49	194 520 082.60

续 表

项　目	期末余额	期初余额
管理费用	175 454 652.60	89 988 324.29
财务费用	167 915 495.78	116 298 019.88
资产减值损失	53 689 254.75	27 769 539.78
加：公允价值变动收益（损失以"-"填列）	——	——
投资收益（损失以"-"填列）	5 038.44	-1 355 138.81
其中：对联营企业和合资企业的投资收益	-318 733.87	-90 791.38
二、营业利润	47 866 453.46	236 707 644.84
加：营业外收入	27 556 349.09	10 694 405.72
减：营业外支出	2 532 697.61	1 001 167.33
其中：非流动资产处置损失	474 357.04	1 167.33
三、利润总额（亏损总额以"-"号填列）	73 899 104.84	246 400 883.23
减：所得税费用	-55 879 456.04	14 020 132.73
四、净利润（净亏损以"-"号填列）	128 796 560.88	232 380 750.50
五、每股收益		
（一）基本每股收益	0.44	0.32
（二）稀释每股收益	0.43	0.31

利润表以营业收入为起点，分步骤计算不同的利润，即

营业利润＝营业收入－营业成本－营业税金及附加－销售费用－管理费用－财务费用－资产减值损失＋公允价值变动收益＋投资收益

利润总额＝营业利润+营业外收入－营业外支出

净利润＝利润总额－所得税费用

毛利润＝营业收入－营业成本

（1）营业收入也称销售收入，包括主营业务收入和其他业务收入。企业融资、购置资源、发生耗费、制造产品和提供服务等都是用来获取收入的。

（2）营业成本也称销售成本，是指已经售出商品的生产成本或已经提供劳务的劳务成本以及其他销售的业务成本。

（3）期间费用是指某个会计期间发生的费用，在利润表上主要指销售费用、管理费用和财务费用。

（4）销售费用是企业在销售产品、自制半成品和提供劳务等过程中发生的各项费用，包括由企业负担的包装费、运输费、广告费、业务宣传费、装卸费、保险费、委托代销手续费、展览费、租赁费（不含融资租赁）和销售服务费、销售部门人员的职工薪酬、差旅费等。

（5）管理费用是指企业为组织和管理生产经营发生的其他费用，包括企业在筹建期间内发生的开办费，行政管理部门发生的折旧费、修理费、办公费、水电费，以及管理人员的职工薪酬，还有业务招待费，等等。

（6）财务费用是指企业为筹集生产经营所需资金发生的筹资费，包括利息费用、银行相关手续费、企业给予的现金折扣费用等。

（7）营业外收支是和企业日常营业活动没有直接关系的各项利得和支出。

（8）营业外收入主要包括固定资产出售净收益、政府补助、捐赠收益、盘盈收益、出租包装物和商品的租金收入、确实无法偿还的应付款以及罚款收入等。

（9）营业外支出主要包括存货的盘亏、损毁、报废损失，坏账损失，非流动资产处置净损失，无法收回的长期债券投资损失，无法收回的长期股权损失，自然灾害等不可抗力因素造成的损失，税收滞纳金，罚金，对外捐赠支出、赞助支出和违约金支出，等等。

（10）所得税费用反映企业根据所得税法确定的应从当期利润总额中扣除的所得税费用。

（11）净利润即税后利润，是企业当期实现的扣除所得税费用后的利润。

四、现金流量表

现金流量表是反映企业在某一个会计报告期内从事各项业务活动等所发生的现金流入量、现金流出量和现金净变动额的财务报表。

广义的现金包括库存现金、各类存款、其他货币资金和现金等价物等。现金流量是企业在一定时期内现金的流入数量和流出数量的总称。例如，企业销售商品或提供劳务、出售设备、从金融机构获得的借款等取得的现金，可称作现金流入；购买货物、购置固定资产、偿还债务等而支付的现金，可称作现金流出。

为了清晰地揭示各项业务活动影响现金的情况，需要对影响现金的业务活动进行分类列示，而且，根据"收支两条线"的现金管理原则，现金流量表的活动都分别按照现金流入量和现金流出量列报，而不能以相互抵消后的净额进行列示见表8-6。

表8-6　现金流量表（摘要）

编制单位：XXX股份有限公司　　　　　　　　　　　　　202X年12月31日（单位：元）

项　目	期末余额	期初余额
一、经营活动产生的现金流量		
销售产成品、商品、提供劳务收到的现金		

续 表

项　目	期末余额	期初余额
收到其他与经营活动有关的现金		
经营活动现金流入小计		
购买原材料、商品、结构劳务支付的现金		
支付的职工薪酬		
支付的税费		
支付其他与经营活动有关的现金		
经营活动现金流出小计		
经营活动产生现金流量净额		
二、投资活动产生的现金流量		
收回短期投资、长期债券投资和长期股权投资收到的现金		
取得投资收益收到的现金		
处置固定资产、无形资产和其他非流动资产收回的现金净额		
投资活动现金流入小计		
短期投资、长期债券投资和长期股权投资支付的现金		
购置固定资产、无形资产和其他非流动资产支付的现金		
投资活动现金流出小计		
投资活动产生的现金流量净额		
三、筹资活动产生的现金流量		
取得借款收到的现金		
吸收投资者投资收到的现金		
筹资活动产生的现金流入小计		
偿还借款本金支付的现金		
偿还借款利息支付的现金		
分配利润支付的现金		
筹资活动产生的现金流出小计		
筹资活动产生的现金流量净额		
四、汇率变动对现金及现金等价物的影响		
五、现金及现金等价物净额增加额		
加：期初现金及现金等价物余额		
六、期末现金及现金等价物余额		

（一）经营活动产生的现金流量

企业的经营活动主要是企业在供应、生产和销售这三个阶段所从事的各项经济活动，由采购货物、制造产品、销售产品和管理活动组成。

经营活动现金流入包括销售产成品、商品、提供劳务收到的现金（但增值税销售税额,列入收到其他与经营活动有关的现金项目内)。

经营活动现金流出包括购买原材料、商品、接受劳务支付的现金(但增值税进项税额,列入支付其他与经营活动有关的现金项目内),支付的职工薪酬,支付的税费,支付其他与经营活动有关的现金。

(二)投资活动产生的现金流量

企业投资活动是指企业长期资产的购建和不包括在现金等价物范围内的投资及其处置活动。企业的投资活动按投资的对象分为生产性投资和证券性投资等。生产性投资包括固定资产、在建工程、无形资产和其他资产等;证券性投资,通常是指原定期限在三个月以上的债券投资和全部权益性投资。企业从事投资活动特别是长期资产的投资业务,一般都会使该时期的现金大量流出,例如用现款购置及其设备、认购有价证券等。企业的投资活动不仅包括某个时期进行投资而发生的现金流出活动,还有与投资有关的各种现金流入活动,例如回收的投资、变卖固定资产所得的现金收入和转让有价证券获得的现金等。

(三)筹资活动产生的现金流量

筹资活动是指企业为了保持和扩大经营而从事的与其所有者和长期债权人发生关系的重要经济活动,筹资活动会导致企业所有者权益与负债的规模及财务结构发生变化。筹资活动主要包括从所有者处获得资源和向他们分配投资利润,以及从债权人处借得的货币、其他资源和偿还的借款数额等。

(四)现金及现金等价物变动额

现金及现金金额等价额=经营活动产生的现金流量净额+投资活动产生的现金流出量净额+筹资活动产生的现金流量净额。

 **某公司现金流量表分析**

某小型公司2020年1月1日资产负债表上的货币资金余额为300万元;2020年6月30日货币资金余额为200万元,其简要现金流量表见表8-7。

表8-7 简要现金流量表

编制单位：XXX股份有限公司　　　　　　2020年06月30日　（单位：万元）

项　目	期初余额
一、经营活动产生的现金流量：	
销售产成品、商品、提供劳务收到的现金	3600
购买原材料、商品、结构劳务支付的现金	4100
经营活动产生现金流量净额	-500
二、投资活动产生的现金流量	
处置固定资产、无形资产和其他非流动资产收回的现金净额	600
投资活动产生的现金流量净额	600
三、筹资活动产生的现金流量	
取得借款收到的现金	700
偿还借款本金支付的现金	-600
偿还借款利息支付的现金	-80
分配利润支付的现金	-220
筹资活动产生的现金流量净额	-200
四、汇率变动对现金及现金等价物的影响	
五、现金及现金等价物净额增加额	-100

由表8-7分析，现金及现金等价物净额增加额为-100万元，即减少额，说明本期的现金总流入量小于总流出量，其缺口100万元动用了年初现金余额，从而使现金余额减少了100万元，货币资金由年初的300万元减少到6月30日的200万元。具体来分析，该公司本期经营活动现金流量净额为-500万元，筹资活动现金流量净额也为负数，即-200万元，两个项目共短缺资金700万元。但公司本期处置变卖固定资产取得现金600万元，均用于弥补现金的缺口，其余100万元则动用了年初的现金储备。

通过以上信息，分析下述问题：

（1）该公司依靠出售固定资产获得大量现金，能够维持多久？对于一个优秀的企业来说，最大的现金流应该来源于经营活动，而不是出售资产。

（2）该公司2020年上半年没有添置新的固定资产来替代补充已处置的设备，是公司准备退出这个行业还是持币待购寻找新的商业机会？

（3）该公司支付利息80万元和利润220万元，数额较大，剩余200万元的现金储备能够维持以后的运营吗？

参 考 文 献

[1] 熊彼特. 经济发展理论[M]. 何畏，易家详，译. 北京：商务印书馆，1990.

[2] 叶京生，董巧新. 知识产权与世界贸易[M]. 上海：立信会计出版社，2002.

[3] 米勒. 知识财产概要[M]. 5版. 北京：知识产权出版社，2017.

[4] 夏洪胜，张世贸. 无形资产管理[M]. 北京：经济管理出版社，2014.

[5] 张楚. 知识产权法概论[M]. 北京：中国人民大学出版社，2019.

[6] 谢向英. 文化产业知识产权概论[M]. 北京：高等教育出版社，2020.

[7] 王强，陈姚. 创新创业基础：案例教学与情境模拟[M]. 北京：中国人民大学出版社，2021.

[8] 李巍，吴朝彦. 创业基础：数字教材版[M]. 2版. 北京：中国人民大学出版社，2021.

[9] 刘延，高万里. 大学生创新创业基础[M]. 武汉：华中科技大学出版社，2020.

[10] 克里斯坦森. 创新者的窘境[M]. 胡建桥，译. 北京：中信出版社2014.

[11] 克里斯坦森. 创新者的解答[M]. 李瑜偲，林伟，郑欢，译. 北京：中信出版社，2013.

[12] 戴尔，克里斯坦森. 创新者的基因[M]. 曾佳宁，译. 北京：中信出版社，2013.

[13] 克里斯坦森. 创新者的任务[M]. 洪慧芳，译. 北京：中信出版社，2019.

[14] 贾金斯. 学会创新：创新思维过程与方法[M]. 肖璐燃，译. 北京：中国人民大学出版社，2020.

[15] 吴维，同婉婷，韩晓洁. 创新思维[M]. 北京：高等教育出版社，2020.

[16] 雷恩. 深度创新方法[M]. 冯愿，译. 杭州：浙江大学出版社，2020.

[17] 陈劲，郑刚. 创新管理[M]. 北京：北京大学出版社，2021.

[18] 毛良虎. 国际化视野下的创造、创新和创业[M]. 南京：东南大学出版社，2016.

[19] 蒂蒙斯. 创业学[M]. 北京：人民邮电出版社，2014.

[20] 赫里斯. 创业学[M]. 9版. 北京：机械工业出版社，2016.

[21] 宋京双、冯峰、宁敏. 大学生创新创业教育"金课"教程[M]. 北京：清华大学出版社，2021.

[22] 刘志阳、林嵩、路江涌. 创新创业基础[M]. 北京：机械工业出版社，2021.